JN273615

For Women Leadership Seminar

女性管理職のための
〈リーダシップ〉
セミナー
Q&A

学校法人 大妻学院
理事長
花村 邦昭

三和書籍

はじめに

　本書は、前著『働く女性のための<リーダーシップ>講義』(三和書籍、2013)にまとめました講義内容を、セミナー方式のQ&Aで少し噛み砕いたものです。前著と併せて読んでいただければ、これからのリーダーに求められる基本的要件は何かのおおよそは掴んでいただけると思います。全体を貫く理論枠組みは前著と同様、「生命論パラダイム」です。

　「機械論パラダイム」が<全体は部分に還元可能であり、部分を適切に組み合わせれば円満な全体が回復する>という要素還元主義に立脚するのに対し、「生命論パラダイム」は<部分と全体とは相互に相手を含み合っていて、すべては生成的なプロセスとして捉えるほかない>という包括主義に立脚します。

　機械論パラダイムに立脚するリーダーシップ論では、管理・統制・指示・命令といった権力行使的な側面が強く出ることとなりますが、生命論パラダイムでは、相互学習・相互理解・相互支援・相互信頼がそれにとって代わります。いま求められているのは前者のような管理統制型・権力行使型・統帥型リーダーではなく、後者のような参加協働型・参謀型・統摂型リーダーです。特に、男女共同参画社会が真に実現するためには、よりいっそう後者に親和的な女性リーダーがさまざまな分野で数多く活躍することが大事です。

　前著では理論的側面からのアプローチに重点を置きましたので、本書はできるだけ現場に即した側面に焦点を当てるように心がけました。内容的にも、できるだけ男女の性差を超えて、人間性原理に

則ったリーダーシップのあり方を考究するように留意したつもりです。

　前著との関連を分かりやすくするため、各回の内容は前著のそれと対応させてあります。各回ともQ&Aの冒頭に、前著の「講義」要旨を摘記することで前著を読んでいない方でも本書だけで完結した読みものとなるようにしてあります。

　なお、「生命論パラダイム」が及ぶ射程は企業経営の現場だけでなく、生活世界の幅広い分野にまで伸びています。たとえばグローバル化時代におけるローカルな公共圏のあり方を考える際にもそれは有用なパラダイムとなるはずです。本セミナーでは随所で公共圏へと検討領域を広げていきますが、特に終わりの方で取り上げる聖徳太子「十七条憲法」、および、補講一・二では、集中的にそこに焦点化して検討してみることとします。

女性管理職のための〈リーダーシップ〉セミナー Q&A　目次

はじめに ……………………………………………………………………… 2

第一回　資本の原理 ……………………………………………………… 13

Q1　組織には制御原理をもっぱら担当する部署がありますか? …… 14

Q2　組織において駆動原理と制御原理のバランスを
　　　 とるうえでいちばん大事なことは何ですか? ………………… 15

Q3　「弾力的な適応」について、
　　　 組織現場の具体的な状況に即して説明してください。 ……… 17
　　　 ＜メモ＞　場の揺らぎ・構造揺らぎ・環境揺らぎ　18

Q4　超越的部署（指揮命令的中枢）はないということですが、
　　　 では、経営者トップはどのような役割を担うのでしょうか? … 19
　　　 ＜メモ＞　経営はコトバである　20

Q5　経営トップの具えるべき資格要件として
　　　 ほかにどんなものがありますか? ………………………………… 21

Q6　会社で働く一般社員の方はどうあるべきでしょうか? ……… 23
　　　 ＜メモ＞　生活価値の共創　24

Q7　会社で働く社員一人ひとりが
　　　 「価値共創主体同士」だということですが、
　　　 それには社員の意識変革も求められますね。 ………………… 25

Q8　会社と社員とは、結局は＜奉仕・貢献＞という
　　　 同一原理で動いているということですね。 …………………… 26
　　　 ＜メモ＞　「働く」とは　26

Q9　そうなりますと、仕事とボランティア活動とは
　　　 似たようなものに見えますが。 ………………………………… 27

Q10　贈与原理が交換原理に大きく侵食されてきているという現実も
　　　　他方ではあるのではないですか? ……………………………… 28

Q11　「交換原理」と「贈与原理」の重なり合いのなかで開かれる
　　　　「公共圏」の特徴とは何でしょうか? …………………………… 30
　　　　＜メモ＞　公共とは　31

- Q12 資本主義社会自体の将来についてどう思いますか? ……… 32
- Q13 「知識資本主義」について解説してください。
  「金融資本主義」とどう違うのかも含めてお願いします。 ……… 34
- Q14 資本主義の永続的発展に卓越性はどう関わりますか? ……… 36
  ＜メモ＞　サスティナビリティ・サイエンス　38
- Q15 「卓越性」が根本ということになりますと、
  企業経営の様相も、そこで働く社員の意識も、
  何ほどか変化していくと思われますが。 ……… 40
- Q16 「英知公共圏」について、もう少し説明してください。 ……… 41
- Q17 いまはまだ「交換原理」「個別経営」がもっぱらですね。 ……… 42
- Q18 英知公共圏が解体されないように歯止めをかけるには
  どうすればよいですか? ……… 43
- Q19 われわれはここいらで
  踏み止まらねばならないということですね。 ……… 45
- Q20 「贈与」と「分かち合い」、この二つが真に実現可能なためには、
  宗教的回心のようなものが求められるのかもしれませんね。 ……… 46

第二回　生命論パラダイム ……… 47

- Q1 生命論パラダイムは世界認識の一つの方式だと思うのですが、
  それが企業などの現実世界に適用可能だということは
  企業世界の方も現実にそのように
  生命論的に動いているということなのですね。 ……… 48
  ＜メモ＞　"いのち"の営み　49
- Q2 機械論パラダイムが生命論パラダイムに取って代わられる
  歴史的背景について、もう少し説明してください。 ……… 50
- Q3 生命論パラダイムについて理解を深めるために、
  何か参考文献を挙げてください。
  生命について書かれたものを例に、
  それを生命論的組織論に読み替えたら
  どうなるかを示してください。 ……… 52

第三回　男女共同参画社会 61

- **Q1** 生命論パラダイムと男女共同参画社会とは、どう関連しますか？ 62
  ＜メモ＞　合生と抱握　63
- **Q2** 男女共同参画社会における女性のあるべき地位や活躍の具体相について、どう考えますか。女性学の将来可能性という観点も交えて話してください。 64
- **Q3** その成果はどうだったと見ますか？ 65
  ＜メモ＞　男性性原理と女性性原理　67
- **Q4** 具体的には何からどう改めたらよいでしょうか？ 68
- **Q5** 男性性原理社会を突き崩すには、男女ともに意識改革がまずは必要だということですね。そのためにはわれわれの「仕事観」それ自体も変革される必要がありますね。 70
- **Q6** 仕事と職業の間にある矛盾を調停するとは、両者をスムーズに統合することを通して職業生活のもつ人間的意味を再発見することですね。 71
- **Q7** 仕事をすること、働くことが、すなわち「場」の構築となるような生き方とはどういう生き方でしょうか？ 72
- **Q8** 男女性差が撥無された男女共同参画社会においては、家事労働も男女共同参画の労働とならなければ全体整合性がとれないと思いますが、そこはどう考えますか？ 73
- **Q9** そのような社会全体の理解とサポートも当然に必要ですが、しかし、現実はどうでしょうか。家父長制的男性原理が家庭・家族のなかで、さらには社会のなかで、もっと言えば日本文化のなかで、いまだに大きくさばっているのではないでしょうか？ 74
- **Q10** では具体的にどうやってそれを打破しますか？ 75

第四回　組織のダイナミクス 77

- **Q1** 組織メンバーのやる気を喚起し、それを束ねるには、そこに固有の組織原理が働いているということですね。 78
- **Q2** アブダクションについて、日常生活と関連づけて少し詳しく説明してください。 80
- **Q3** 次は、アフォーダンスについてお願いします。 83
  ＜メモ＞　不確定性原理と複雑性思考　84

- **Q4** 認知フィードバックについて説明してください。 …… 85
- **Q5** そうして構築される生活倫理は、どのようにして社会倫理と結びつくのでしょうか? …… 86
- **Q6** 創発的エネルギーから生活倫理が導出され、生活論理が社会倫理へと合生され、そうやって形成された生活倫理=社会倫理がふたたびフィードバックされてそれを再賦活するというダイナミクスは、観念的な図式としては理解できますが、生活倫理が社会倫理に結びつくところが少し分かりにくいのですが。 …… 88
- **Q7** アテンダンス(企投性)とは、覚悟を定めて物事に取り組む姿勢あるいはその心構えということですが、それには自分のなかに、揺るぎない中核価値がなければなりませんね。 …… 90
- **Q8** 倫理について少し補足をお願いします。 …… 91
- **Q9** 組織人としてのあり方を例にとって説明してくれますか。 …… 92
- **Q10** 道徳についても補足してください。 …… 93
- **Q11** 倫理と道徳について両者がよってくる淵源について説明してもらいましたが、それによりますと、対人、対組織、対社会との間で形成される倫理と道徳は人間同士の共同主観によって編み上げられ、またつねに編み直されつつある織物、イメージの曼荼羅だということでしょうか? …… 94
- **Q12** アテンダンス(企投性)は、硬直化した信念とか、自己拘束的な信条などとは無縁の、むしろそれとは対極にあるような、状況適応的で弾力的な自己定立性だということですね。 …… 95
- **Q13** アテンダンスの説明のなかで、「構え」・「かた」という言葉が出てきましたが、それではどうしても硬直化した姿勢を連想してしまいますが。 …… 96
- **Q14** 関係性(アフォーダンス)と自立性(アブダクション)を分ける意味についてもう少し説明してください。関係的自立は関係性と自立性の間を間停する努力の結果として達成されるということなのでしょうか。 …… 98
- **Q15** 逆の考えもできるのではないですか? 人は誰しも「アテンダンス」存在として、ある覚悟を定めてこの世を生きている。そのなかで、人はやがて、自分が「関係性」に「アフォード」された存在でありつつ、同時に「自立性」をもって「アブダクティブ」に生きてもいかねばならない、そういう両義的存在であることに覚醒していく。右顧左眄することなく、まずは自分の立ち位置を定めて、覚悟を決めて、この世に主体的に処すべきであるという考え方はどうでしょうか? …… 102

第五回　リーダーシップの内実 ───── 105

- **Q1** リーダーたる者に求められる資質要件を
組織機能面から捉え直すとすれば、どのような項目が挙げられますか?
四象限座標系の各象限に当てはめて説明してくれますか。 ───── 106
- **Q2** リーダーシップには統帥型と参謀型があり、これからは特に女性リーダー
にとっては参謀型リーダーシップがよりいっそう親和的だということ
ですが、両者の違いを例を挙げて説明してください。 ───── 110
- **Q3** リーダーシップのあり方という観点からすれば、
この<P−D−C−A>サイクルの回し方は、
ほかにも普遍化して適用することができそうですね。 ───── 112
- **Q4** このようなサイクルが滞りなく、効果的に回るには、
どのような条件が必要でしょうか? ───── 114
　<メモ>　会社は社会の公器　114

第六回　グルたちのリーダーシップ論 ───── 115

- **Q1** 共通して言えることは、リーダーには男女を問わず、権力志向的パワー
よりも倫理志向的高潔さが求められるということですね。 ───── 116
- **Q2** 結果についてはリーダー自らが責任を引き受けるしかないということですね。 ───── 117
　<メモ>　母性的資質　119
- **Q3** リーダーは才知と悲心を兼ね備えた存在なのですね。
あるいは、その間を揺れ動く存在なのでしょうか? ───── 120
- **Q4** リーダーシップと組織の倫理規範はどう関わりますか? ───── 121
　<メモ>　暗黙次元の裂開　122
- **Q5** ドラッカーやミンツバークによれば、リーダーシップとは、
<重要課題に対する問題意識を高め、目的・目標の設定をより的確にし、
創造的思考を涵養し、集団的思考のプロセスを改善し、より高い目標に向けて
全員をサポートする>こととされています。ここに謳われているのは、
リーダーシップと倫理規範との根源的同根性ですね。 ───── 123
- **Q6** リーダーとフォロアーの関係についてはどうでしょうか? ───── 124
- **Q7** リーダーとメンバーの関係は信認関係だということは分かりましたが、
信認関係を作り上げるうえでいちばん大事なことは何でしょうか? ───── 127

第七回　組織の病理と回復　129

- **Q1**　組織がその病理から免れるにいちばん大事なのは何ですか？　130
- **Q2**　コンプライアンス、ビジネス・エシックス、コーポレート・ガバナンスが十全に機能するためには何よりもこれらを根底で支える組織成員一人ひとりが「強い自己」であることが大事ですね。組織腐敗現象から回復できるのもその「強い自己」によってだと思います。その「強い自己」はどうすれば練成されるでしょうか？　132
- **Q3**　その座標軸のしっかりした人間とは、どのような人格存在でしょうか？　133
- **Q4**　組織が閉塞状態に見舞われるとそこに組織不祥事が胚胎するとのことですが、組織をそこから救い出すため何が必要でしょうか？　135
- **Q5**　組織はつねに瑞々しい生成の無垢状態に還されねばならないということですね。それには強いリーダーシップが求められますね。　137
- **Q6**　「組織の病理」は、同時に「時代の病理」なのではないでしょうか？　138
  - ＜メモ＞　孤独感と孤立感　139
- **Q7**　どこかで踏み止まってこれらの病理状態から抜け出せない限り、その症状は無限後退的に悪化し、人間の精神的・情緒的レベルはますます切り下げられていき、ついには自閉的抑鬱に追い込まれていきますね。　140

第八回　リーダーシップの機能　141

- **Q1**　リーダーシップの機能を経営の六局面から解説してもらいましたが、その点についてもういちど要約してくれますか。そのなかでも特に大事なポイントは何でしょうか？　142
- **Q2**　リーダーシップの根底には相互信頼と相互理解がなくてはならないことはかねて強調されていますが、その点をもう少し補足してください。　143
- **Q3**　リーダーの働きを評価するには何がポイントでしょうか？　145
- **Q4**　貢献度評価に当たっての留意事項を簡単にまとめてください。　146
  - ＜メモ＞　貢献度評価の手順　147

第九回　卓越者リーダー ……… 149

- **Q1** 「知の構造」をもう少し詳しく説明してください。……… 150
  - ＜メモ＞　暗黙知とは　151
- **Q2** 暗黙知・身体知・言語知・メタ言語知のこの四軸座標系は、人間の知活動すべて適用可能ですね。……… 152
- **Q3** もう少し卑近な例で説明してくれませんか。……… 157
- **Q4** 芸術がそうなら、宗教のような精神世界についても同じような理解ができますか？……… 159
- **Q5** 知の世界をこのように四象限座標系で整序するのは普遍的な知の技法だと言ってよさそうですね。……… 160
- **Q6** 最も難しいのは、最初の一歩である「行為・体験の知」をどうやって獲得するかだろうと思いますが、その点について説明してください。……… 162
- **Q7** それは、われわれ凡庸人にはとても難しいことのように思えますが。そこに卓越者リーダーの出番があるということでしょうか。凡庸人と卓越者との差はどこから生まれるのでしょうか？……… 164
- **Q8** どうすればその境位に達することができるでしょうか？……… 165

第十回　卓越性の位階秩序 ……… 167

- **Q1** シンボル体系としての「卓越性の位階秩序」と具体的な資格格付けなどの「卓越者の階等序列」とはどう違うのか、そして、その二つは実際にどう結びつくのかを説明してください。……… 168
  - ＜メモ＞　「卓越性の位階秩序」と「卓越者の階等序列」　169
- **Q2** メンバーはその「卓越者の階等序列」のなかを、より中枢へ向けて、あるいは、より高位ランクを目指して、チャレンジするわけですね。……… 170
- **Q3** そうなりますと、卓越者の階序に関する成員の見方、受け取り方にも意識変化が起こりますね。……… 171
- **Q4** シンボル体系としての「卓越性の位階秩序」のあり様についてもう少し説明してください。……… 172
- **Q5** 「卓越性の位階秩序」が美的シンボルとなり、メンバー各人がそれを自らの「美の審級」として希求するようになれば、組織はおのずから卓越者の集団になるということですね。「美的シンボル」がそこではキーワードですが、その点について補足してください。……… 174

Q6 「卓越性の位階秩序」のシンボル作用について補足してください。 …… 176
Q7 シンボルはあくまでも希求され、目指されるものであって、
シンボルの方から操作的に働きかけることはないということですね。 …… 177
Q8 「経営はアート」だというのはそういう意味なのですね。 …… 178
　＜メモ＞　拘束の中で揺らぐ美　178
Q9 それは「美しく生きる」ということに通じますね。 …… 179

第十一回　卓越者の評価と選抜　　　　　　　　　181

Q1 「卓越者の階等序列」の形成は、単に一組織内の出来事ではなく、
広く社会にも影響力をもつ出来事だと思いますが、そうならば社会の
方からもそれをチェックする手段があるべきではないかと思いますが。 …… 182
　＜メモ＞　体制内非体制派＝非体制派的体制派という生き方　185
Q2 社会的評価を担保するという点ではコーポレート・ガバナンスが重要と言われます。
卓越者はその担い手でもなくてはならないと思いますが、その点について説明してください。 …… 186
　＜メモ＞　リスク・マネジメントとエマージェンシー・プラン　190

第十二回　聖徳太子の十七条憲法　　　　　　　191

Q1 聖徳太子は参謀型リーダーか、統帥型リーダーか、
それともまったく別範疇のリーダーか、どう理解すべきでしょうか？ …… 192
Q2 公共圏哲学として「十七条憲法」を読み解くとしたらどうなりますか？
たとえば、ボランティア活動、各種NPO活動などを念頭に置いて説明してください。 …… 194
Q3 〈本講〉では「十七条憲法」を生命論パラダイムによる六区分で解説されましたが、
公共圏哲学の見地からすればこの六区分はどうなりますか？ …… 198
Q4 以上のうち、公共圏を運営していくうえで
特に重視すべき点を一つだけ挙げるとすれば何だと思いますか？ …… 201
Q5 「十七条憲法」の全条文を要約するなら、「私利私欲を棄て、
相手の立場に立ち、忘私奉公の精神を以て、一致共同せよ」に尽きますね。
では、次に問われるのは、そこにどういう社会を実現しようとするのか、
その目的ないしは目標ではないでしょうか。
現代社会に置き換えるならそれは何でしょうか？ …… 202

補講一　暗黙知、ないしは暗黙次元の知について ……… 205

- **Q1** 三次元構造について、その相関関係を分かりやすく説明してください。……… 206
- **Q2** 個人の道徳規範から社会規範が創出される
  プロセスについて説明してください。 ……… 209
- **Q3** 企業組織も公共圏を形成する重要な一員だと思いますが、
  それが準拠する＜組織規範＞と公共圏が掲げる＜社会規範＞とが
  整合的である保証はどこにあるでしょうか？ ……… 211
- **Q4** そのような卓越人材を育成するにはどうすればよいでしょうか？ ……… 213
  ＜メモ＞　民主主義社会と市民的自由　214
- **Q5** 機能的「個」が準拠する＜組織規範＞と、人格的「個人」が立脚する
  ＜道徳規範＞との関係はどう考えたらよいのでしょうか？
  ＜社会規範＞と＜倫理規範＞との関係も含めて説明してください。 ……… 215
- **Q6** 先ほどの図のなかで、特に重要なのは＜組織規範＞と
  ＜社会規範＞の間の調停ではないかと思いますが。 ……… 217

補講二　関係的自立について ……… 219

- **Q1** 関係性と自立性とは相互に相手を含み合っていて両者を
  分けて考えること自体に無理がある、人は関係的自立存在
  として生きていくしかないということですね。 ……… 220
- **Q2** 自立性を括弧に入れるとはどういうことでしょうか？
  自立性をしっかりと把持しながら効果的に関係性を
  生きること、巧みに関係性に生きることを通して
  効果的に自立性を生きるということでしょうか？ ……… 221
- **Q3** 自立性に対する制約条件としてはどんなものが考えられますか？
  自立性を＜いったん括弧に入れる＞のはどういう条件の下において
  でしょうか。その条件が満たされた空間が公共圏ということですね。 ……… 222
- **Q4** 公共圏の基礎単位は「家族・家庭」だと思います。「家族・家庭」という
  場において「関係的自立」はどう育てたらよいでしょうか？ ……… 223

おわりに ……… 226

≪付論≫　　資本主義の文明史的転換 ……… 228

第一回
資本の原理

資本の原理には駆動原理と制御原理がともに内包されている。駆動原理と制御原理とがバランスよく働くことで、資本主義社会は存続し発展する。企業にあっても同様である。企業でそのバランス調整役を担うのが参謀型リーダーである。

Question 1
組織には制御原理をもっぱら担当する部署がありますか？

Answer

　駆動原理も制御原理も、ともに資本の原理であって両者は表裏一体ですから、資本が両原理を同時に働かせるのと同様に、企業でも同一部署の同一人物があらゆる局面でこの二つの原理を同時に併せ働かせるのが原則であって、予め担当部署を設けて役割を分担させるものではありません。それは、各自が自分のなかに住まわせている、自分自身を客観的に見ることのできるもう一人の自分の声に耳を傾けるのと同じです。しかし、人間は誰しも完全無欠であり得ませんし、基本的には弱いものです。ですから、互いが互いにその客観者の役割を補い合わねばなりません。そういう相補的人間が多いほどその組織は強靭と言えましょう。また、そういう組織のなかでこそ人は倫理・道徳的存在として鍛えられましょう。＜本講＞で卓越者と呼ぶのはそういう人間たちのことです。参謀型リーダーの仕事もそこに関わります。

　もちろん、駆動原理と制御原理がバランスよく機能しているかどうかを全組織的立場からチェックする部署・業務・制度・仕組みも組織にはあります。たとえば、業務監査部門やコンプライアンス制度、あるいはＣＩ委員会などがそれに当たります。しかし、それも広い意味で＜本講＞で言う参謀型リーダーの両義的働きに入ります。

Question 2
組織において駆動原理と制御原理のバランスをとるうえでいちばん大事なことは何ですか?

Answer

　組織が硬直化していないこと、組織をつねに"揺らぎ"が発生するような活性化状態に保つことです。"揺らぎ"とは「創意工夫」、「改革意識」あるいは「やる気」のことです。それには、メンバー全員が一致共同して組織目標のもとに結束し、それぞれが各部署で自由に意見が言える闊達な職場を創ることです。そうすることで、組織内の随所に発生するよい"揺らぎ"をできるだけ育て、できれば増幅させるのです。この点については第二回セミナーの「生命論パラダイム」のところで詳しく話しますが、それを先取りすれば、物理化学の用語で次のようになります。

「系内部で発生する"揺らぎ"(系外部から加えられた"摂動"も系に取り込まれて"揺らぎ"となります)によって系には人間力エネルギーの密度勾配(組織活性の差異、偏差)が生まれるが、その密度勾配は、それによって引き起こされるエネルギー流(部署間の意思疎通や相互作用)によってやがて平準化され、系はふたたび定常状態を回復する(活性が高められた状態で全体が安定する)。このような敏感性(活性の伝達)は、系が平衡から遠く隔たった非平衡定常状態(多様性・柔軟性に富んでいて、どこにも硬直化が見られない状態)に置かれているときに最も発現しやすい」

これを経営管理の場に移して表現し直せば、「組織の人間力エネルギーを、つねに活性化された状態に保つこと」ということです。そのためには人間力エネルギーの流路（コミュニケーションと協働の回路）がネットワーク状に自在に開かれ、その上をエネルギー流束（メンバーの創発的意欲）が多方面的に自由に流れるようになっていなければなりません。上から下への、あるいは中央から周縁への一方向的・定型的なエネルギー流は組織に硬直的なパターン化をもたらすだけです。「流路が自在に開かれている」とは、組織の各部署がいかなる"揺らぎ"に対してもつねに最適適応ができる状態に置かれているということです（これを物理化学用語では「エネルギー準位がつねにゼロに平準化されている状態」と呼びます。先に述べた「非平衡定常状態」とは、この「エネルギー準位ゼロ状態」のことです）。組織論的に言えば、意思疎通面でも、協働組成面でも、組織内のどこにも一切隔壁や停滞がないということです。次々に発生する"揺らぎ"を速やかに拡散したり、散逸させたり、吸収したりして組織活性を高めながら、次に発生するであろう有意味な"揺らぎ"につねに備えることができている状態です。

　このように、組織活性は「平衡から遠く隔たった非平衡定常状態」から生まれます。そこに現出するのは、変化に対して敏感でありつつ同時に、定常的に安定した構造・機能を把持している組織体です。言いかえれば、状況適合的に自在に自己変容・自己制御しつつ同時に状況創出的に自励発展していく組織体です。駆動原理と制御原理がバランスよく働くとはそういう動的組織体のことです。そのような組織体なら、どのような環境変化にも自らの構造・機能を柔軟に組み替えることで弾力的に適応することができます。

Question 3
「弾力的な適応」について、組織現場の具体的な状況に即して説明してください。

Answer

　現場・周縁に大幅に意思決定を委ねることで、自らの構造・機能を状況に応じて自在に組み替えできるようにすること、あるいは組織内にいつも知の異種混交が起こるよう全社的な組織改革や外部との提携などを戦略的に行うことなどです。そうすることで組織内各所に、つねに"揺らぎ"を発振させ、伝播させるのです。

　そのような組織では規範的立場から全体を設計するような超越的部署は必要ありません。そこには、自らを創出する不断の自己組織化過程があるだけです。つまり、自己組織化の源泉、起動力となるのは組織中枢からの権力行使的働きかけではなくて現場の"揺らぎ"なのです。

　現場の"揺らぎ"が系内で拡散して消滅してしまうか、系外にエントロピーとして散逸されるか、有用な"揺らぎ"として発展的に吸収されるか、あるいは増幅されて系に相転移的発展をもたらすか、いずれになるかは系の置かれた状態と"揺らぎ"の特性によります。

　したがって組織中枢にとって大事なことは、"揺らぎ"の起こりやすい状態に組織を保つこと、有用な"揺らぎ"であるかどうかを見極めること、それをどう育て、吸収し、増幅させるか、あるいは拡散、散逸させるか、その対応をあやまたないことです。

そして、場合によっては組織をより広範囲の"場の揺らぎ"、"構造揺らぎ"、"環境揺らぎ"へと誘導することです。それをするのが参謀型リーダー、卓越者リーダーの役割です。

＜メモ＞　場の揺らぎ・構造揺らぎ・環境揺らぎ

　小さな摂動が周囲へ波及して、系の状態を相転移的に（水が水蒸気になるように）変化させるような現象を「場の揺らぎ」と捉える。それによって系にはそれまでになかったような新たな性質・性能が創発する。

　「場の揺らぎ」は、系が属する場の構造全体を揺るがすところまで増幅されることがあり得る。これを「構造揺らぎ」と捉える。たとえば、大型のショッピングモールができたことで物流・商流だけでなく人の流れ、車の流れが変わって、町の構造までもが一変するような例がそれである。

　「構造揺らぎ」は周りの環境に波及して、四囲の環境全体を揺るがすことがあり得る。産業構造、交通体系の変化によって、地域の住環境までが一変してしまうような例のほかに、たとえば、組織体制の改革によってメンバーの意識構造だけでなくその行動パターンまでが一新されるような例もあり得る。

　いずれにせよ、揺らぎには良い揺らぎと悪い揺らぎがある。大事なことは、良い揺らぎを見つけてそれを適切に育てていくことである。

　やってはいけないことは、変に介入して、かえって人間力活動のダイナミクスを削ぐことである。揺らぎによって、系はその弾力性・柔軟性を獲得することができる。動きのない水は腐る。水の鮮度を保つには、水はつねにかき回される必要がある。

Question 4
超越的部署（指揮命令的中枢）は ないということですが、 では、経営者トップは どのような役割を担うのでしょうか？

Answer

トップリーダーには固有の教育的役割があります。組織の進むべき方向を明示し、それを自らが発する「言霊力」に載せて、組織末端にまで浸透させる働きです。

全社的な共鳴・共振を起こすのにいちばん効果があるのは経営者自身の発するコトバです。それは組織的"揺らぎ"の最大の源泉です。トップリーダーはメンバーの目には未知の、ないしは異次元の知識・情報を豊富にもった存在、いわば暗黙次元（暗黙次元については補講一で述べます。いまは、メンバーさらには社会の集合的無意識が働いている次元とだけ言っておきましょう）に最も近接した存在として映っています。トップリーダーの片言隻句が言霊となって社員の知をいかに創発させるか、働き甲斐・生き甲斐、統合感、意欲をどれほど触発するか、社員がトップリーダーの一挙手一投足からいかに多くのヒントを得ているかを考えればそれは明らかです。メンバーはトップリーダーの片言隻句に反応しようとして待ち構えているのです。

トップの発するコトバによって場は揺らぎます。その揺らぎによってメンバーの意識に相転移的変革（様相を一変させるような意識改革）が起こります。そのような全社的な共鳴・共振を引き起こす

コトバを発せられないようならトップとは言えません。まさにトップの発するコトバこそが組織教育・指導のためのハイパー・テキストなのです。

　そのようなハイパー・テキストとしてのコトバを言霊力として組織内外に伝播していく連結器・共鳴盤の役割を果たすのが参謀型リーダーの働きです。このような学習機能（意識作興機能、方向づけ機能）が組織内できちんと働いているかどうか、またそのために必要な教育・指導機能が組織に根づいているかどうか、それらを点検するのも参謀型リーダーの仕事の一つです。

　このような学習・教育・指導機能が具わった組織体制のもとではじめて、成員各人は高度のバランス感覚、高次の倫理的・道徳的センスを身につけ、それを伸び伸びと発揚させることができます。言いかえれば、リーダーシップを根底で支えるのは成員各人のそのバランス感覚、倫理的・道徳的センスです。

　＜メモ＞　経営はコトバである

　経営とは、見方によっては「言説の体系」、「物語の制作」、あるいは「即興劇」の演出・演技である。そこにはシナリオがありストーリーがある。人はそれを読み解きながら、その読解を通してそこにさらに精緻なイメージの織物を織りあげていく。

　その際大事なのは、そこに展開する多様にして厖大な「言説の体系」をどう編集・再編集するかの「編集の知」である。言辞の入れ換えも必要なら、文脈の改編も、場合によってはシナリオ、ストーリーの創り変えも求められる。

　経営トップの発するコトバが「言霊」となって全体のコンテクストが変化することもある。それでなければ、経営トップとは言えない。

Question 5
経営トップの具えるべき資格要件としてほかにどんなものがありますか?

Answer

　経営とは、組織活動を通して会社と成員各個人の「間」をどうマネジメントするかの工夫です。抽象的な法人格である会社は生身の人格的「個人」を直接マネジメントすることはできません。無理にそれをしようとすれば権力統制的・全体主義的イデオロギーを組織に持ち込むことになります。あるいは大家族主義のような情緒的共同体主義が会社全体を覆うこととなります。そうではなく、組織を機能的「個」同士が取り結ぶ計算合理的な関係として理解・把握すると同時に、組織と人格的「個人」の間を生きた人間的関係として一定の距離に保つのが組織経営者の役割です。

　したがってそこには、機能的「個」と人格的「個人」の「間」の矛盾葛藤が蔵されています。その「間」を調停するには、経営者は組織原理の透徹した理解者であると同時に、深い人間理解力を具えた卓越者リーダーでなければなりません。それを補佐するのが参謀型リーダーです。

　それには経営者トップ自身が組織的・機能的役割存在(すなわち「個」)の典型であると同時に、社会的・人格的存在として世の師表たるにふさわしい人物(すなわち「個人」)でなければなりません。＜社会―組織―個―個人＞の「間」の矛盾葛藤を一身に体現し、しかもそれを自らの内部においても、また外部との関わりにおいて

も、ともによりよく調停できていてはじめて経営者トップと言えます。それこそがトップリーダーに求められる固有の人間的・組織的資質です。

　＜社会―組織―個―個人＞の相関を図解すれば次のようになります。本図は本セミナーでこれから何度も登場する考え方ですから記憶しておいてください。

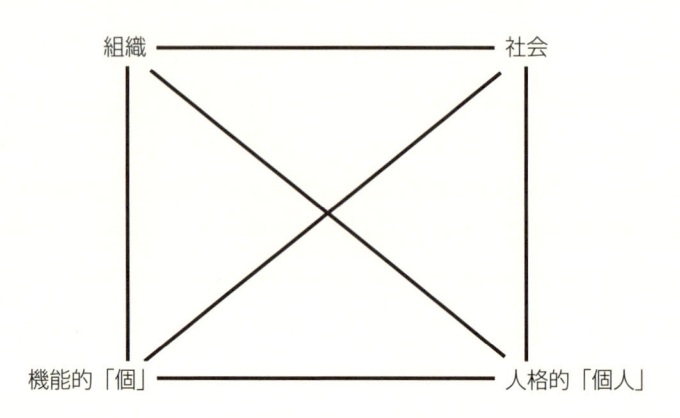

```
組織 ──────────────── 社会
  │ ＼        ／ │
  │   ＼    ／   │
  │     ＼／     │
  │     ／＼     │
  │   ／    ＼   │
  │ ／        ＼ │
機能的「個」─────── 人格的「個人」
```

　直線で結ばれている各項の間には矛盾葛藤があります。それを統合的に束ねているのが経営者トップです。その統合の場から経営者トップの言霊が発せられます。

　トップリーダーの発する言霊力は、全社的な共鳴・共振を起こします。言いかえれば、全社的な共鳴・共振を起こすのにいちばん効果があるのが経営者自身の発するコトバなのです。

　人間力存在の根本は"こころ"と"たましひ"にあります。"こころ"はコトバとなって発露します。コトバは"たましひ"を揺り動かし普遍的価値への志向を人々の"こころ"に呼び起こします。

Question 6
会社で働く一般社員の方はどうあるべきでしょうか?

Answer

人はみな、やがて学校を卒業してどこかの会社に就職し何らかの仕事をするようになりますが、会社というところは何をするところでしょうか。

人を使ってただ<金儲け>をするだけのところでしょうか。会社でする<仕事>とは、生きていくために、生活費を稼ぐために、いやいやながらでもやらねばならない<勤め>なのでしょうか。もしそうだったら就職すること、仕事をすることにいったいどんな意味があるでしょうか。そんな人生なら生きていくこと自体にどんな価値があるというのでしょうか。

会社も仕事も一言でいって<人に感謝されるための奉仕活動>です。会社は<お客さまにどうやって満足していただくか、どうすればお客さまのお役に立てるか、お客さまにとって価値とは何か>をいつも考えています。

そのお客さまはお客さまで、その先の自分のお客さまの価値をどうやって創り出すかを真剣に考えています。

このお客さまの<満足や価値>生産の連鎖は先へ先へと繋がっています。そして最終的に末端消費者に届いています。

つまり、消費者・生活者の生活を豊かにすること、人々の生活価値の向上に資することこそが、<会社>の目的であり、人が<仕事

＞をするということの内実なのです。それが会社のレーゾン・デートル（存在根拠）、ひいてはそこで働く私たちの存在意味・価値なのです。

　そして、その役割を果たし得たときに会社がお客さまからいただく＜報酬＞（＜褒賞＞といってもよいでしょう）が会社の＜利益＞というものです。その役割を果たし得ない会社は＜報酬＞すなわち＜利益＞を世間からいただくことができません。

　したがっていま、どの企業でも＜お客さま第一＞を経営理念の第一義に掲げないところはありません。しかも、それは単にお客さまのニーズにどう応えるかだけではありません。お客さまのウォンツをどう掘り起こすか、お客さまが抱いている潜在的ウォンツにお客さま自身がどう気づくかもそこに含まれます。＜顧客価値創造＞＜価値の創り込み＞などと難しい表現をしますが、結局はそういう簡単なことです。

＜メモ＞　生活価値の共創

　会社で仕事をするとは商品・サービスを生産することである。それは市場で生活者・消費者に購入されてはじめてその価値を実現する。逆に言えば、市場で価値が実現されてはじめて、事後的に仕事の価値が定まる。その商品・サービス価値と仕事価値との結びつきをより効果的に媒介する働きが経営である。したがって、経営とは、市場・顧客と協働することによって、その価値共創のサイクルをいかにうまく回すかの創意・工夫の体系と言ってよい。究極のターゲットは、生活者・消費者である。そういう意味で、経営とは市場との間でなされる「生活価値共創」の体系である。

Question 7
会社で働く社員一人ひとりが「価値共創主体同士」だということですが、それには社員の意識変革も求められますね。

Answer

社員が考えねばならないことは、どうやってお客さまやいま一緒に仕事をしている仲間（これも考えようによってはお客さまです）、さらには会社の＜役に立てるか＞、お客さまのために仲間や会社がやっている＜価値生産＞に自分がどれだけ＜貢献できるか＞＜奉仕できるか＞です。

そのお互いの＜奉仕・貢献＞の総計が会社の＜売上＞に繋がり＜利益＞になるのです。それが＜会社が世間から受ける評価＞なのです。

したがって、社員が会社から受け取る＜給料・サラリー＞も、各人が果たしたその＜奉仕・貢献＞に対する社会の評価、社会からいただく対価なのです。

つまり、こういうことです。あなたが会社から受け取るように見える報酬は、実は、市場・顧客に対してあなたが行った＜奉仕・貢献＞を市場・顧客がどう評価したかの結果なのです。報酬は顧客からいただく評価なのです。そこでは、社員意識のコペルニクス的転換が求められます。

Question 8
会社と社員とは、結局は＜奉仕・貢献＞という同一原理で動いているということですね。

Answer

　会社は確かに利益という金銭的対価を追求しますが、それはけっして＜お金のためのお金の追求＞ではありません。

　会社は不特定多数の人や企業を相手にしますから、相手の顔がつねに見えているわけではありません。したがって＜奉仕・貢献＞の連鎖を成り立たせるためには、そこに＜お金＞という抽象物を介在させざるを得ません。それが会社が＜あたかも金銭だけを追求しているように見える＞ことの原因です。

　このことは個々の社員にとっても同じです。給料をもらうこと自体が目的なのではなく、それはよい仕事をしたことの結果として＜社会からいただく報酬＞なのです。したがって、われわれは＜社会からいただいた給料という報酬＞に見合うだけの＜貢献を社会に対してなし得たか＞をつねに反省する必要があります。

　要するに、働くということは、会社という枠組みを超え出た＜人類社会への貢献＞なのです。

　＜メモ＞　「働く」とは

　「働く」の語源は「果たす」「はたる」（無理に税などを取り立てる）とされる。そこには、自分を鞭打って最後までやり遂げるという語感がある。「我と我が身をうながして、骨折って事を成すの意」（西郷信綱）とされる。

Question 9
そうなりますと、仕事とボランティア活動とは似たようなものに見えますが。

Answer

　ボランティアなら一対一の互いに顔が見える関係ですから、会社と違ってそこに＜お金＞という抽象物を介在させる必要がないというだけの違いです。

　会社であれば＜貢献・奉仕＞のやり取りは抽象的な＜お金＞で媒介・決済するほかありませんが、ボランティアでは＜貢献・奉仕＞の媒介・決済はあくまでも具体的な＜貢献・奉仕＞それ自体だということです。

　すなわち、会社とボランティアは＜お金＞を介するか介さないかの手段的な違いがあるだけで、＜貢献・奉仕＞を媒介し合うという目的においては両者は同じ人間同士の＜奉仕活動＞＜貢献活動＞だということです。

　要するに会社の＜仕事＞は金銭取引に抽象化される「交換経済」であり、ボランティア＜活動＞は具体的な＜貢献・奉仕＞が主体の「贈与経済」です。一方は「交換の原理」が強く働き、他方は「贈与の原理」が強く働いています。

　しかし、ここでみなさんによく考えていただきたいのは、「交換の原理」の背後にはなべて「贈与の原理」があるということです。いまは、経済があまりにも表象的「交換原理」に偏りすぎていますが、この「交換経済」をその背後原理である実体的「贈与原理」でもう一度見直してみてはどうか、ということです。

第一回　資本の原理

Question 10
贈与原理が交換原理に大きく侵食されてきているという現実も他方ではあるのではないですか?

Answer

 私は、浸食されているというより両者が重なり合ってきている、その重なり合いの上に多様な公共空間が開かれている、と考えた方がよいのではないかと思います。いきなり「公共」という言葉が出てきましたが、それはこういうことです。

 「贈与原理」で成り立っているボランティア活動団体を維持運営するためには運転資源が要ります。そのうち最大のものはボランティア活動に従事する人たちが提供してくれる＜時間・労力＞あるいは＜智恵・情報＞です。それは会社が社員の＜時間・労力・智恵・情報＞で成り立っているのとまったく同じです。＜奉仕・貢献＞をしてくれた人には多大な経済的・金銭的・身体的負担を実際には掛けますが、会社と違ってボランティアではそのような時間や智恵の＜奉仕＞に対しては金銭的対価は原則として支払われません。それは＜贈与＞です。ボランティア活動は無償の＜贈与＞で成り立っているのが原則です。しかし、ボランティア活動も反復継続して行われるようになりますと、そこにおのずから＜組織＞が必要になってきます。＜組織活動＞になると＜お金＞とは一切無関係というわけにはいかなくなります。組織を維持するための運転資金が必要になります。オフィスの賃借料も必要でしょうし、組織が大きくなれば専従の人も有給で雇わねばならなくなります。通信交通費や印刷費

用もかかります。そのためにはボランティア団体もグッズを売ったりして、できるだけ自前で活動資金を稼ごうと努力します。その面では確かに交換原理が浸食してきているとも言えます。

こういうこともあります。グッズを売るぐらいではとても間に合わない、足らざる部分は人々の善意の＜寄付＞に頼らざるを得なくなる、＜寄付＞に依存するには世間にその活動が認められ＜評価＞されなければならない、企業に対する世間の評価が＜利益＞であるように、ボランティアに対する評価が＜寄付＞である、誰からも評価されないようなボランティア活動であれば参加する人もなければ寄付する人もない、ボランティアが行う＜奉仕・貢献＞活動に＜意義や価値＞を認めて、それに＜寄付＞をする人や会社を少しでも増やすことが大事になる、こうして＜評価＞が下されるという面から見れば、確かにボランティア活動の贈与原理は、市場の交換原理に浸食されているとも言えます。しかし、先にも述べましたようにこれは浸食と見るよりは、重なり合いと見た方がよいと思います。

＜評価＞とは何でしょうか。一言で言うと、社会のニーズやウォンツに応え得ているかどうかです。社会的・文化的価値生産にどれだけ寄与しているかです。単に市場での交換価値差額のみを狙うのとは違います。企業も究極のところでは社会的・文化的価値生産にどれだけ寄与できているかが問われます。そういう意味では、企業活動でも「交換経済」と「贈与経済」は重なり合っています。

この「交換原理」「交換経済」と「贈与原理」「贈与経済」が重なり合っている空間のことを「公共空間」と呼びます。したがって、視点を変えるならば、企業空間もある意味では公共空間の一部を形成していると言うこともできます。

Question 11
「交換原理」と「贈与原理」の重なり合いのなかで開かれる「公共圏」の特徴とは何でしょうか？

Answer

　交換と贈与とが重なり合う「中間の場」に開かれるのが＜公共空間＞であり、そこを統べるのが「公共の原理」です。

　いま資本主義社会は交換経済に立脚する＜個別資本主義＞から贈与経済と交換経済とが重なり合う＜公共資本主義＞へと大きくシフトしてきていると言えます。そのなかで、＜公共＞とは何かが改めて問い直されています。

　ボランティア活動だったものが公共サービスに取り入れられたり、また逆に、これまで国民の税金や寄付による＜贈与＞の形で賄われてきた公共サービスが民間企業やNPOに任されるというケースが増えてきているのも、その重なり合いの部分に開かれる＜公共空間＞の多様な拡大と見ることができます。

　故ドラッカー博士が２１世紀はNPOやボランティアが経済活動の過半を占めるようになるだろうと言っているのはそのことです。

　すべての人間活動の根底は＜奉仕・貢献活動＞であり、われわれの社会生活は基本的に＜贈与・寄付＞の観念によって支えられていることをみなが再確認するようになっていくのが２１世紀だということです。すべてを＜機械論的金銭計算＞に還元してしまう「交換経済」に傾斜しすぎた資本主義を、根源的な＜奉仕・貢献活動＞に主眼を置く「贈与経済」によって、いくぶんかでも修正しようとい

うことです。

そこでは、企業活動と行政サービスとボランティア活動を通約する「公共の原理」が改めて求められましょう。なお、「公共」については、最後の補講一・二で集中的に取り上げる予定です。

＜メモ＞　公共とは

人間が集住し共同して何事かを成さんとするとき、そこでは自立した人間同士の間でさまざまな関係性のネットワークが形成される。つまり、人間は、環境条件をいろいろと読み解きながら、自分の周りに関係性のネットワークをさまざまに編集し、張り巡らす。そして、その関係性の網の目の中で、自らの立ち位置を決めつつ、関係的自立存在としての自己の存立を図っていく。

そのように、四囲の環境条件にできる限りの目配りを利かせながら、なおかつそのなかで何とか互いの自立自存をサポートし合っている関係性存在のことを本セミナーでは「公共人」と名づける。そして、そのような関係性存在によって構成される統合的集住共同体のことを同じく「公共圏」と呼ぶ。つまり、関係的自立存在同士が互いに矛盾相剋を抱えながらも、なんとか折り合って自立的関係存在としての公共圏を成立させようと努めること、それが即ち「公共」という概念である。

Question 12
資本主義社会自体の将来について
どう思いますか？

Answer

　時代は産業資本主義、金融資本主義の時代から知識資本主義の時代へ大きく変わろうとしています。金融資本主義の時代では知識・情報格差が経済的・社会的に決定的な格差をもたらします。豊富な知識・情報をもち、その活用に長けた者にとってはそれが他者優位を獲得する機会となりますが、そうでない者にとっては機会はただ通り過ぎるだけか、せっかく捉えたと思ってもそれは逆に知識・情報優位にある他者にうまく利用されるだけの存在となり果てます。

　産業資本主義にも格差は確かにありました。むしろ経済的な貧富の格差はますます拡大しました。しかしそれは機会がもたらす偶然的・暫時的格差であり、けっして体制それ自体がもたらす必然的・永続的格差ではありません。したがってそれは制度的補完によって調整することが可能ですし、またそうすることが求められてもきました。政治（特に財政・税制）による富の再配分や、教育機会の均等化などがそれです。しかし、金融資本主義による格差は、個人才覚が生み出す構造的格差だけに制度的に調整する手立てがありません。早い話が、知識・情報優位者から知識・情報劣位者へその利得を移し変えることなどはそもそもできない相談です（税による間接的な所得移転が多少あるだけです）。そこでは、知識・情報優位者は社会的・経済的にますます富み、その劣位者はますます貧しくな

るばかりです。一方は豊かな情報をもった金融資本"貴族"へと上昇し、他方は高度な知識・情報に接する機会からますます遠ざけられて相対的にも絶対的にもいっそう貧しくなる金融資本"プロレタリアート"へと転落します。その両者の間で相互入れ替わりの回路が十分に開かれているなら、あるいは知識・情報に長けた者がそれまでなかった新たな分野で活発に創業できるようなサポートシステムが社会的に調っているなら、自助努力・自己責任ということである程度は互いに納得することもできましょうが、金融資本主義ではその回路がより広く開かれているという保証は特段にはありません。むしろ、社会的・経済的な優劣がますますはっきりしていくのが金融資本主義社会なのではないでしょうか。

　そうなると早くから上昇志向を失った若者たちのアパシー現象、既成秩序からはみ出す無軌道なアノミー現象、さまざまな自己疎外現象、未来に背を向け目先のモザイク的現実にしか目を向けようとしないアモルファス現象、場合によっては、ひきこもり、うつ、などが随所に見られるようになるでしょう。ではどうするか。

　それにはこれまで是とされてきた社会的・経済的な価値基準を相対化し無化するような新たな価値対抗軸が設定されるしかありません。新たな価値対抗軸としては、内面的・霊性的、精神的・文化的な価値世界を改めて拓くのも一つですが、「知識・情報」が真に価値の源泉となるような知識資本主義社会、人間的・人格的な卓越性を最高の価値とするような社会、卓越性によって階序づけられた社会の実現です。本セミナーが主張するのも、そういう卓越性の位階秩序が「最高の価値目標」となるような組織・社会の実現です。

Question 13
「知識資本主義」について解説してください。「金融資本主義」とどう違うのかも含めてお願いします。

Answer

　20世紀に入って、特にその後半頃から資本主義は産業資本主義の時代から金融資本主義の時代へと大きくシフトしたと言ってよいでしょう。20世紀末から21世紀初頭にかけてのバブルの崩壊過程とその後遺症からの回復過程で、われわれはその転換の意味するところを身をもって体験しました。

　金融資本主義も基本的には知識資本主義ですが（もちろん、産業資本主義も根底には知識資本主義がありますが）、金融資本主義の特徴は、だれ一人としてその圏外に身を置くことが許されず、すべてがそのシステムの中に取り込まれるところにあります。それが原因となって国を挙げてユーフォリア的暴走を生んだのが、さきのバブル現象でした。年金基金や家計までもが、こぞって金融商品を買いあさったのはまだ記憶に新しいところです。

　このような狂奔する金融資本主義に歯止めをかける手段を講じることも一方では大切ですが、他方では、さらに一歩進めて、金融資本主義を根底で支える知識資本主義をして、その本来の姿を取り戻させることも大事です。つまり、金融資本主義を踏まえて、さらにはそれを乗り越える方途を見つけることです。その期待を込めて、私はさきに、「時代は知識資本主義の時代へ大きく変わろうとしている」と申し上げました。

知識資本主義とは、知識・情報で装備された労働力、すなわち、高度の専門スキル、新機軸を工夫する能力、不測事態への適応能力、コミュニケーション能力、創造的協働能力、教育・訓練・学習の能力、等々が付加価値産出の源泉となる、そのような資本主義のことです。

　そこでは機能的「個」として分断された労働者は人格的「個人」として、互いの人間的な結びつきを回復します。それによって、仕事は自律・分散・連帯のネットワークとなり、いったんは分離した＜労働と労働者＞はふたたび融合され、人は関係的自律存在として自立します。

　知識・情報に国境はありません。したがって、知識資本主義の中で、どうやって自己の存立を図るかは必ずグローバリゼーションを伴います。グローバル化した資本主義社会とはどういう社会か、今後われわれが注意深く見守り、かつ、主体的・創造的に取り組んでいかねばならぬ歴史的課題です。

　どのような社会であれ、それを支える基本はメンバー相互の間の理解と信頼です。

Question 14
資本主義の永続的発展に卓越性はどう関わりますか?

Answer

　それは言いかえれば、「卓越性が最高の価値となる」社会はどうすれば作れるのかということですね。金銭的な利得のみを追いかける社会、財産の多寡を競う社会から、人間的な価値を追求し、卓越性を究極の価値とするような社会への転換ですね。

　突き詰めれば、それはサスティナビリティの問題に行き着くと思います。かっては"サステナブル・ディベロップメント"という言葉が盛んに使われましたが、それには依然として付加価値生産至上主義の臭いが強く、リニアーな発展思想や開発思想が色濃く反映しているためか、最近では"ディベロップメント"を省いて"サステナブル・ソサイアティ"とか、ただ"サステナビリティ"とだけ言われるようになりました。しかし"持続可能性"という言葉だけが独り歩きしていて、実際には誰もその内実はよく分かっていないのが現状ではないでしょうか。つまり、われわれはまだサステナビリティの科学を手にしていないのです。

　貧困から逃れるためには開発・発展しなければなりません。将来に備えようとすれば貯蓄しなければなりません。貯蓄は投資に回されます。当然に開発・発展は投資の誘因となります。こうして持続可能性は必ずや開発・発展思想に呑み込まれていきます。その結果が資源枯渇であり、地球的規模の環境破壊です。

この堂々巡りのなかで、いったいわれわれはどうすれば貧困の共有ではなく、富の分かち合いの"サステナビリティ"を謳い続けることができるでしょうか。それには根底から発想転換が求められるはずです。新しい哲学が求められる所以です。

　その新しい哲学とは何か。"持続可能"とは端的に言って、過去・現在・未来をすべて現在の一点において引き受けることです。

　過去の遺産を責任をもって未来へ引き継ぎ、未来に対しては負の遺産の引き継ぎを極小化することです。そして、現在の果実をできるだけ公平に、現役世代だけでなく後生世代との間でも分かち合うことです。過去の遺産を食い潰さず、また将来にツケを回すこともせず、そのなかでつねに現役世代で、マクロ的にもミクロ的にも自足する経済を持続的に維持することです。

　そのうえでなお産出される余剰は、このような内転する自足経済のための潤滑油として、たとえば福祉水準の持続可能性を担保するための必要資源として、あるいは最劣悪の状態に置かれた人たちの生活レベルをいくぶんかでも改善するような原資として、長期的視点のもとで管理されるべきです。

　根本は、世代・出自を超えて"分かち合う"ことです。「公共」とはその「分かち合い」のことです。

　しかしいまのところはまだ自己利益（現役世代の利益）追求のみをこととする＜個別資本主義＞の原理がまかり通るだけで、そのような＜公共資本主義＞の発想はまだどこにも見当たりません。敢えて言えば、いまではサスティナビリティという言葉は、持てる者が現在の優位を持続的に保持せんがための、持たざる者が現状に満足するよう強いられるためのイデオロギーでしかなくなっています。

そのような「非公共」的発想にいつまでも囚われていては国際的にはもちろん、一国の内部でも強者のエゴとしか受け取られず、世間一般にも受け容れられないでしょう。

　そして、本セミナーが言いたいことは、その「公共哲学」の担い手、「公共圏」の主たるプレイヤーたる者こそが、卓越者なのだということです。卓越者とは企業組織の枠組みに囲い込まれた卓越者のことではありません。広く公共空間に開かれた卓越者にしてはじめて真の卓越者と呼べます。

＜メモ＞　サスティナビリティ・サイエンス

　サスティナビリティ・サイエンスがこれまでのサイエンスと違うのは、生命論パラダイムに軸足を置いたうえで、全ての科学の融合が目指されるところにある。

　そこでは長期的な時間軸の中で、物事の生成・変化・進化の相が統合的にトレースされる。方法論的には、インダクション（帰納法）、ディダクション（演繹法）に代えて、アブダクション（仮説推論法）が採られる。それは単なる理論ではなく、試行錯誤を伴いながらの実践が特徴であり、したがって思考法としては、認知フィードバック的思考、再帰的思考ループが重視される。

　それが目指すところは、環境の扶養力（持続可能な資源再生力、人間生活が生み出すエントロピーの吸収力、など）の範囲内に人間行動を収めるような仕組み、およびそのための行動規範を人類社会全体に公開性・透明性をもってどう埋め込むか、にある。

　これまでの科学が、「自分自身の無目的性を証するという目的によって鼓舞されて」（ホワイトヘッド）来たのに対して、サスティナビリティ・サイエンスは＜明確な目的性を実践によって実現可能

にするという目的によって鼓舞される＞生きた科学である。

　互いに目配りが利いていて、しかも、互いが折り合っていけるためには、そこには相互理解と相互信頼がなければならない。グローバル社会はつねに揺らいでいる。それへの柔軟な対応、開かれた応答性もしたがって臨機に揺らいでいなくてはならない。その揺らぐ不確実性を何とかみなが納得できる形へともたらすには互いの間の相互理解・相互信頼しかない。そうやって相互理解・相互信頼に支えられた公共圏（本セミナーでは「英知公共圏」と呼ぶ）をグローバル化した社会の中でどう構築していくかである。

Question 15
「卓越性」が根本ということになりますと、企業経営の様相も、そこで働く社員の意識も、何ほどか変化していくと思われますが。

Answer

現代の金融資本主義の時代では知識・情報が価値の源泉となり、それをいかにうまく運用するかに資本は力を注ぎます。金融資本主義経済は、知識・情報を使って値上がり期待（あるいは、高利回り期待）を持たせたさまざまな金融商品を開発して、一般から広く投機的資金を呼び込む経済、つまりは、＜お金がお金を生む＞金融市場主義の経済です。お金の自己増殖は、やがて値上がり期待（期待利回り）が頭打ちとなり、投機的資金は市場から引き揚げられます。すなわち、バブルの崩壊です。これは歴史上、何度も、姿を変えては繰り返されてきたことです。

同じ過ちを繰り返さないために、これからは「もの」や「知識」を使いこなす側の「卓越性」が価値の源泉とならねばなりません。卓越性が卓越性を産み、そこで産出される卓越性が卓越性を増殖する、そういう社会の現出です。

そこに働くのは「交換原理」ではなく「贈与原理」「分かち合い原理」です。交換原理では「人」は捨象されますが、「贈与・分かち合い」原理では「人」がふたたび回復します。いったん断たれた人の絆がここでは復活します。そこに開かれるのが「英知公共圏」です。卓越者はそこでは卓越性集団を形成します。卓越性集団としての企業は「英知公共圏」へと進化します。

Question 16
「英知公共圏」について
もう少し説明してください。

Answer

　それは、組織成員メンバーそれぞれが英知(卓越性)のネットワークの結節点となって、組織の枠組みを超え出て、広く社会へと開かれた英知存在となるということです。

　こうして、組織それ自体が、またその成員各人が、広く社会を構成する「英知の関係性ネットワーク」そのものと化すこととなれば、社会それ自体も「英知公共圏」へと進化します。そして、その圏域全体を共約する共通価値が「英知＝卓越性」となり、その全域を主導する共通原理が「贈与・分かち合い」、すなわち「公共」の原理となります。

　「贈与・分かち合い」とは人と人、人と企業、企業と企業、企業と社会との間を結ぶ「絆の原理」です。抽象的な「貨幣」によって失われた「人の絆」を「贈与・分かち合い」で再び回復するのです。

　英知＝卓越性はその間(絆)の取り結びから生まれます。つまり、「間(絆)」こそが英知＝卓越性産出の源泉となるという事態が出来するのです。そもそも英知とは「間(絆)」から創発する知恵です。卓越性とは「間(絆)」を調停し、取り結ぶことのできる人間としての最高の資質です。

　これがこれからの社会におけるあるべき企業経営の姿です。「個別経営」から「間(絆)経営」「公共経営」「英知＝卓越性経営」への進化発展です。

Question 17
いまはまだ
「交換原理」「個別経営」がもっぱらですね。

Answer

「交換原理」では、何とかして中間媒介項を少なくして自分だけの個別利潤極大化を図ろうとします。知価連鎖のネットワークから媒介コストをできるだけ節減しようとする動きです。すなわち、価値産出の源泉の一つである「絆」という中間媒介項が、ムダなもの、不要なものとして、効率化や構造改革の名のもとに、次々に切り捨てられ、切り詰められていくのです。たとえば、顧客との間を親密に結びつける「絆」として最も大事な働きをしている「窓口社員」をコストが安いという理由だけで派遣社員に置き換えたり、部品制作などで重要な役割を果たしている下請け中小企業を見捨てて安易に工場を海外に移したりするのがその例です。

こうして「絆」のショートカットが進めば「英知公共圏」の基盤そのものが痩せ細っていくおそれが多分にあります。基盤が痩せるだけでなく、その中間媒介項そのものが衰弱し、痩せ細り、やがて英知＝卓越性産出システム自体が消滅しかねません。そうなれば英知公共圏それ自体もやがて解体されるでしょう。

Question 18
英知公共圏が解体されないように歯止めをかけるにはどうすればよいですか?

Answer

　中間媒介項を具体的にイメージしていただくなら、たとえば、優れた素材開発技術あるいは精密加工技術をもった中小企業です。あるいはわが国の伝統的な手工芸文化です。心のこもったもてなしの文化、あるいは、ただひたすら他者のために有意味な存在でありたいと願う自己犠牲的な奉仕の精神などです。見方を変えれば、特色ある街並みを保存した都市空間もそうでしょう。心を和ませる里山のたたずまいなどの農村風景もそれに加えてよいでしょう。

　中間媒介項を排除して中間マージン（経費）を減らすことで利益を上げようとする「個別資本」の動きの具体例はいくらでも挙げることができますが、問題は、それによって中間媒介業者が廃業に追い込まれるというだけでなく、そこで働いていた熟練技術者までもが「英知公共圏」から排除されるということです。これは国家的損失です。それはやがて「個別資本」それ自体も痩せ細らせます。リストラ効果として華やいで見えるのは一時だけのことです。いま必要なことは、英知＝卓越性の源泉たり得る中間媒介項を「総資本」の立場からみなで守り育てることです。具体的には、たとえば組織のなかの卓越者中堅層（特に女性管理者層）はもちろん、産業界のなかの中堅・中小企業、各地域における博物館や歴史的遺構など種々の伝統的文化施設などが十分に活かされる社会を作ることです。

それは国土あるいは風景についても言えることです。人間の生活圏には大別して農村と都市があります。それぞれ相互含み合いの関係にあります。農村のなかに都市的要素は組み込まれていますし、都市のなかにも農村的要素が織り込まれています。そして、それぞれが固有のなくてはならない役割を果たしています。社会が農村的圏域だけになればあまりに濃密な人間関係のなかで人は窒息しましょうし、都市的圏域ばかりになれば潤いもなければ安らぐこともできないでしょう。両者が適当に入り混じっているハイブリッド社会、ダイバーシティ社会こそが人間にとって住みやすい社会です。日本の国土や都市風景などは全体としてそういうふうに中間媒介項的に編成された多様な圏域を構成しているところに特徴があります。こうした都市文化と農村文化との複合文化を守り育てるのもわれわれに課された使命です。

　人間の生活圏域には宇宙的（神話的、メルヘン的、劇場的）とでも言うべきもう一つ別の次元もあります。寺社や鎮守の森、西欧なら教会や会堂、その他諸々の聖なる場所、祭りや催しの場、劇場や美術館などがそれです。スポーツ・ジムや広い芝生のグランド、場合によってはホテル、さまざまな盛り場や路地裏の飲み屋街、これら人をほっとさせる空間もみなそうです。そこは日常性を超え出ることのできるアジールの役割も果たしています。これらがモザイク状に集まって生活圏域の魅力を創り出しています。これらの中間媒介項が失われた圏域を想像するだけでもわれわれは暗澹たる思いに駆られます。「英知公共圏」にはこれら諸々がすべて豊かに組み込まれています。そこは広範な贈与原理空間、分かち合い原理が支配する公共圏域です。

Question 19
われわれはここいらで踏み止まらねばならないということですね。

Answer

　それには価値観・人生観の転換が求められます。富の平準化のために、公平な福祉のために、敢えて自分の可能性の一部に制約を課すこと、そのことを最高の価値とするような生活倫理、道徳規範の確立です。

　富の再配分機構が社会に備わっていなかった昔は、富者は進んで喜捨や勧進、寄進や布施を行いました。富者だけではありません。知恵や才能のある者は、それを勧進・布施に供しました。東大寺の勧進聖・重源の働きや、その委嘱を受けての西行法師の東北への旅など、あるいは二宮尊徳翁の私財を投げうっての新田開発などはみなさんもご承知でしょう。

　卓越性が価値基準となるこれからの新たな社会でも、真の卓越者は進んで自らの卓越性を他者に分かち与えようとするでしょう。自らが先端的な知識・情報の開拓者、提供者となるだけでなく、精神文化界のリーダーとなり世の師表となって進んで文化的事業やＮＰＯ・ＮＧＯ活動に挺身するようにもなるでしょう。ここにも贈与の原理が働いています。

　卓越性の惜しみない贈与、その分かち合い、それができてはじめて真の卓越者＝公共人と言えます。そのような人たちによって形成される公共圏、それが「英知公共圏」です。

Question 20
「贈与」と「分かち合い」、この二つが真に実現可能なためには、宗教的回心のようなものが求められるのかもしれませんね。

Answer

　近代資本主義社会の成立に当たって、そのエートスとなったのがプロテスタンティズムの精神だったというのはマックス・ウェーバーの説ですが、同じようなことが現代でも言えるのかもしれません。＜個別資本主義＞を＜公共資本主義＞にパラダイム・シフトさせるにはピューリタン革命に匹敵するような精神革命・市民革命が必要なのかもしれません。それは多分、中世のキリスト教世界の教父や博士たちが唱えた「神の栄光を地上に」といった「精神の高貴さの回復」ということになりましょう。13世紀半ばから14世紀初頭にかけて、ドゥンス・スコトゥスというフランシスコ会の博士がいます。彼の思想を要約すれば、「物惜しみしない度量の大きな贈与こそが、神の絶対自由に与る人間の真の自由であり、この一切の対価を期待しない絶対贈与によってこそ、この地上に神の栄光がもたらされる」ということです。仏教世界でもそのような回心は「仏の絶対慈悲に与る、衆生への布施行」として、すんなり受け容れられるのではないでしょうか。

　いずれにせよ、いままさに人類の英知が試されようとしていると言えそうです。パラダイム・シフトについては、次回のセミナーで取り上げることにします。

第二回
生命論パラダイム

今日までの科学技術の発展を支えてきたのは「機械論パラダイム」である。全体は要素に分解でき、分解された要素を組み立て直せばふたたび完全な全体が回復するとするのがこのパラダイムの特徴である。これに対して、いま注目されているのが「生命論パラダイム」である。このパラダイムの特徴は、生命現象がみなそうであるように、全体と部分とは分割不可能であって、両者は互いに互いを含み合っており、つねに生成変化するダイナミクスの総体として捉えられるべきだとするところにある。

人間の生きた集団である企業組織についても同様のことが言える。リーダーシップとは、そのダイナミクスの総体をより効果的にマネジメントすることである。そこに求められるのは、権力行使とは対極にある相互理解・相互信頼・相互学習・相互支援のリーダーシップである。

Question 1
生命論パラダイムは
世界認識の一つの方式だと思うのですが、
それが企業などの現実世界に
適用可能だということは
企業世界の方も現実にそのように
生命論的に動いているということなのですね。

Answer

「ものづくり」を主体とする産業社会では、効率化を主眼に、仕事はリニアーに定型化されマニュアル化されます。全工程が機械論的に編成され、人までもが誰とでも・いつでも置き替え可能なように部品化されます。工場など生産現場だけでなく、一般事務でもそうです。

ところが現実世界は大きく変貌してきています。一言で言って、いまは英知労働の時代です。空間を機械的に裁断し・分類し・再配置するパラダイムから、部分と全体とがダイナミックに相互作用し合う、統合的なネットワークとしてすべてをトータルに捉える生命的パラダイム（全体を流れとして捉えるならヘラクレイトス的パラダイムとも言えます）への転換の時代です。

たとえば、いまや仕事の中身は、知力・体力だけでなく、情動・感性・イメージ・アイデア・コードなどメタ知識情報を駆使して、眼前の現実世界にどう切り込み、そこをどうデザインしていくかへと移ってきています。しかも、その仕事は時空間的に内外に広く開かれたネットワークのなかで行われます。そこでは、ネットワーク

のなかのどこにどんなメタ知識情報が隠されているかを察知する能力だけでなく、それを動員し活用するにはそこへどうアクセスし、それにはどんな手法・技法を用いればよいか、などに習熟することも求められます。考えてみれば、これはわれわれ一人ひとりが日常生活のなかで精粗の差はあれ現に行っていることです。仕事自体がまさに日常の生命的活動そのものと何ら変わらないものになってきているのです。いまや仕事が即"いのち"の営みなのです。

　問題はここに止まりません。個々ばらばらに作動する生命を統合的活動体へと束ねるにはどうすればよいか、動いてやまない動的プロセスをどうやって秩序づけるか、という問題がそこに新たに浮上してきます。しかも、個（部分）の自由と意欲を創発的エネルギーとして最大限に生かしながらそれを行うのです。これは単なる認識や解釈の問題ではなく日々の実践の問題です。自らが創発的活性、"揺らぎ"の源泉となる役割を進んで引き受けることです。

＜メモ＞　"いのち"の営み

「自然を支配するための闘いの進展自体が、自殺的レースに変化しています。生命の起源の謎を解きはじめた時に、人類は自然のその中心を傷つけてしまったのです。……当面の最も緊急を擁する問題は、自然環境の存続であります。自然を守ることは人間を守ることなのです」（オクタビオ・パス：1990年ノーベル賞贈賞式での挨拶）

Question 2
機械論パラダイムが生命論パラダイムに取って代わられる歴史的背景について、もう少し説明してください。

Answer

　二十世紀の最後の局面で、それまで経済・社会を規範的に秩序づけてきたパラダイム（機械論パラダイム）の限界、ないしは行き詰まりがはっきりしてきました。バブルとその崩壊による金融システムの破綻がその仕上げでした。

　そこで見えてきたのは、アイデア・イメージ・コードなどのメタ言語知、あるいは情動・認知といった暗黙知に関わる知が経済・社会を動かすようになった現下の「生命論パラダイム」資本主義の時代には、もはや規律・訓練・管理・指令などですべてをコントロールできるとする旧来型の「機械論パラダイム」資本主義は通用しないという現実でした。随所に現行システムの機能不全が見えてきたのです。

　それを受ける形で進められたのが、生産管理面ではフォーディズム（フォード式生産システム）からポスト・フォーディズム（ポスト産業資本主義）、あるいはトヨティズム（トヨタ式JIT生産システム）への移行でした。単一生産ラインの効率的スピードアップという単線的な機械論パラダイムから、好みや感性といったグローバルな消費者動向まで織り込んだ、多品種の最適組み合わせ生産という複線的・流動的・生成的な生命論的統合システムへのパラダイム・シフトでした。現にいま生産現場で一般化しているサプライチ

ェーン・システム（企業の壁を越えた統合的生産システム）などはその例です。

　われわれがそこに見出したのは結局のところ、個と全体、自由と秩序の間には幸福な予定調和など存在せず、かと言って、その間を規律訓練的・規範権力的に統制しようとするとかえって事態を歪め硬直化させるばかりであり、したがって最終的には、両者の間の調停は相互生成という不断の努力に委ねるしかないという現実でした。

　この事態は、企業の生産現場、経営現場にとどまらず、政治・経済・社会・文化すべての局面で過去にもあったし、現にいまも起こっていることです。全体主義に対する民主主義の闘いもそうですし、現に起こっているさまざまな言説、たとえば、大は文明の衝突と言い、小は各地の地域紛争と言い、あるいは、一国覇権主義か多国家間協調主義かそれともそれらを超える新しいグローバル・ルールの模索かの論議と言い、あるいは、公と私の間に新たに＜共＞の領域をどう拓くかの知見論争と言い、すべてはこのパラダイム・シフトによってもたらされた、あるいはそれをいっそう促進させる、同時進行の同一事態なのです。

　こういう世界史的事態をもたらしている歴史的背景として挙げられるのは、先に述べましたように、人類社会が＜物＞が価値であった時代から、＜メタ言語知＞＜情動・認知＞が価値である社会へと大きくシフトしてきていることです。「労働による付加価値生産」に重きを置く文明から、「英知による文化価値創出」に重きを置く文明への、資本主義の文明史的転換です。

Question 3
生命論パラダイムについて理解を深めるために、何か参考文献を挙げてください。生命について書かれたものを例に、それを生命論的組織論に読み替えたらどうなるかを示してください。

Answer

　金子邦彦『生命とは何か［複雑系生命論序説］』（東京大学出版会）を参照します。まず、総論的なところから入ります（≪　≫内は生命論的記述の組織論への、私流の敷衍・拡張解釈であることをお断りしておきます）。

・生命に関しては「システム全体のなかの相互作用を通して、ダイナミックに要素の役割が決まり、かつ変化していくという視点が必要」。

・「一方の細胞がある性質をもつと、周りの細胞は相互作用によって、そうした方向への分化が抑制され、そちらへの分化が起こらなくなる」。こうして「細胞が共存するように」なり、「不安定性に支えられた安定化が生じる」。

・「その意味では論理方程式の連鎖と言うよりも、相互依存的なダイナミクスを追っていく必要がある」。「ある分子（群）がほかの分子（群）を相対的にコントロールする構造がなぜ生じるか、そしてそれが普遍的なのかという問題こそ生命システムの理解のためには考えていかねばならないことである」。

　≪組織論では、まず全体があって部分の機能・役割が決まる、

というシステム視点をもつことが大事です。部分は周りの相手を見ながら、それぞれの独自性を不安定ながらも保ちつつ、互いに共生しています。それが安定ということです。そこで働いているのは単線的論理展開というより複線的相互作用のダイナミクスです。それが生命論的組織の特徴です≫

では、本論に入りましょう。

・「ある分子の存在がその分子自身を増やす、という自己触媒反応」は、「その分子の数が多いとそれをますます多くする正のフィードバックをもつ。その量が多いほどその合成が速くなる」。このように「一方では、正のフィードバックを含み、小さな揺らぎが増幅されるダイナミクスを含み、他方では多様性を維持していく安定性の考え方が必要」。

≪自己触媒的な正のフィードバック（オートポイエーシス）、揺らぎを通しての安定化（ホメオスタシス）、多様性の維持（シナジェティクス）などが生命論的組織論のキーワードです≫

・「外からの条件だけではコントロールできない状態を生命は内部にもっていて、それゆえに自主的に振る舞うようにみえる」。「その生命が内部にいまどのような状態をとっているかはその履歴に依存し、遺伝子と環境だけで決まるわけではない。そして、その生命が、いまどのような内部状態をとっているかによってその個体の振る舞いは決まる」。しかしながら、「相互作用によって表現型が分化すると、後に遺伝子型への固定化が起こる」。

≪系が辿ってきた経路によってその後の系の状態と進路が決まってきます。そこにはもちろん外部から加えられる摂動も

系の状態に作用しますが、それすらも系内部の履歴に織り込んでいくところに生きた系の特徴があります（ヒステリシス）。そして内部履歴に織り込まれた経験が系（生命体）に遺伝子として固定化されていくこととなります。企業に置きかえれば、遺伝子は創業の精神、あるいは組織の魂（ストレンジ・アトラクター）ということになりましょう≫

・「なぜ、細胞のなかである分子が＜遺伝情報＞を担うようになるのかは、大きな問題」。つまり、「少数個しかない成分が、細胞の増殖をコントロールする重要な役割を担う」ようになる。「少数個しかない成分が相対的に系全体の振る舞いに決定的な役割をするようになる」。

≪組織にあっても同じようなことが起こっています。卓越者リーダーの、特にトップリーダーの組織の文化的伝統に根ざした（組織の遺伝子情報に則った）振る舞いや片言隻句が組織の命運を決めたり、進む方向を変えたりする現象（セレクター）は随時・随所に起こっています≫

≪以上で、生命論パラダイムのキーワードの六つが出そろいました。ストレンジ・アトラクター（求心性）、セレクター（選択性）、ヒステリシス（履歴性）、この三つはワンセットで考えてください。台風をイメージすると分かりやすいと思います。台風の目（ストレンジ・アトラクター）へ向かってエネルギーを求心的に巻き込みながら、それまでの履歴経路（ヒステリシス）を折り込みつつ、次なる環境条件を選択（セレクター）して遷移していく。企業などの人間集団の動きもこれと同じです。

オートポイエーシス（自己組織性）、ホメオスタシス（恒常性）、シナジェティクス（共振性）の三つもワンセットで考えてください。これについては、企業組織を人間の身体になぞらえて考えていただければ分かりやすいと思います。人間身体は60兆個もの細胞によって自己組織的に構成されている組織体です（オートポイエーシス）。そして、各細胞同士は互いに、あるいは周りの環境と相互作用し合いながら（シナジェティクス）、どこかに不具合があるとほかがカバーしたり、自己修復したりしながら、全体として調和ある働きをしています（ホメオスタシス）≫

・「変化しやすい状態という可塑性が先にあり、それが遺伝子といった堅いシステムにより固定化されて、別な安定した状態（ある種のアトラクター）に移っていったという考え方も頭にとめておいたほうがよい」。

　　≪時々刻々変化してやまない現場状況に応じて、トップ・リーダーが信念をもって響かせる言霊が、現場の状況を新たなステージへとシフトさせていきます。それには、それを待ち構えているという現場状況もなくてはなりません。そういう企業が真に強い安定した企業です≫

・「堅いシステム同士が合体共生するのはまず無理である」。「二種類の異なるシステムがそのままで一緒になって助け合って働く、というよりも、その両者が変化することで共生状態に到達したというほうが考えやすい」。

　　≪メンバーの所見や振る舞いがはじめから一致しているというようなことは普通はありません。部門間の意見の対立も往々

にしてあります。それには、互いが論議を尽くして変化し合うなかで場の共生状態を実現するしかありません。二つの企業や組織が、合併あるいは統合する場合などはこのケースの典型例と言えます≫

・「高密度で競合が厳しいほうがかえって多種類への進化と共存を可能にする」。「相互作用が大きいと互いが互いの生存を可能にするという形で、多様性への進化の道が開けてくる」。

 ≪多元性・多様性・複雑性が組織進化の源泉です。そういう組織特性をもった企業ほど発展しているという現実が一方にあります。男女共同参画社会やグローバル化がもたらすであろう多様性社会の実現にもその狙いがあります≫

・「細胞を飢餓状態におくなど、生存が苦しい方向への操作を行うと、(システムは)可塑性を回復する」。「外からの操作による影響を打ち消すような応答がシステムに現れる」。「エントロピーを減らす操作を行うには、外に何かを掃き出さねばならない」。

 ≪危機意識を共有することが組織改革の第一歩です。マンネリズムの排除にはそれがいちばんの近道です≫

・「生命システムでは、ほかの要素と強く影響し合いながらもほぼ同じ状態を再生し続けられるような要素の状態が実現している。多様で変化しやすい状態のなかから、ある程度再帰的に状態を維持し続けるのが生命システムの存在への前提である」。

 ≪非平衡不安定状態のなかから定常的安定性をもった組織状態が自己励起的・自己触媒的・自己再帰的に生まれます。強い相互影響性・相互拘束性のなかで自己再生的・自己再帰的状態を維持するところに生命的組織の特徴があります。生命

論パラダイムでは、これをホメオスタシスと呼びます≫
・「＜要素集団のなかの要素の多様性の増加←→要素内部の多様性の減少＞という関係が成り立つ」。

　　≪組織内でメンバー個々人の多様性が保証されてはじめて、個々人の組織人としての心的安定性も確保できます。そうやって組織安定性が確保されてはじめて組織目標も（メンバー各人の意識も）コヒーレントに束ねられます≫

・「内部状態をもった系が相互作用によりどのように変化し、さらにはその変化しやすさが変化するかは生物システムを考える上で本質的である」。「多様で変化しやすい＜やわらかな＞状態からの再帰的な増殖や分化規則の生成に着目」。

　　≪内部状態変化の弾力性の保持、外部環境との柔軟な関係性の構築、それが相まってはじめて組織は弾力的に増殖することも、柔軟に分化することも可能になります。ここで言う組織を個人に置きかえると、これは「関係的自立」存在のあり様にそのまま当てはまります。すなわち、弾力的な自立性と柔軟な関係性が相まって関係的自立存在として人は成熟していきます≫。

・「各成分が再帰的に増えていくためには、各分子がそれを触媒してくれる分子をもち、その触媒分子がまたそれを触媒する分子をもち、…という構造が必要」。「ほかの分子は触媒せず自分だけ合成される＜寄生的＞分子が多くなると次世代ではその寄生分子の増殖に必要な触媒分子が不足して増殖能は維持されない」。

　　≪組織増殖にも組織分化にも、それを触媒的に媒介伝達してくれる分子がなくてはそのプロセスはやがて逼塞します。触

媒機能を果たさない寄生的分子が多くなればプロセス自体に歪みが生じます。＜本講＞で言う卓越者・参謀型リーダーは、その触媒分子の働きをします≫

・「細胞分化とともに、細胞は位置情報を形成し、読み取り、安定した形づくり」を行う。「状態の分化が空間的なパターンをつくり、そのパターンがさらに状態の分化を強めるという正の相互フィードバックが働き、分化も形態形成も安定化され」、「それによって各細胞が位置情報をもち、安定したパターン形成が可能に」なる。「そのなかで起こる状態間の遷移に着目」。「この遷移は内部の状態によるから、状況に応じた状態遷移を可能にする」。

≪組織分化によって各部署は組織内での自己の位置情報を持つことができ、互いにその位置情報を交換し合うことで（シナジェティクス）、組織を安定的定常状態に保つことが可能になります（ホメオスタシス）。こうして組織は内外の環境変化に対して頑健性を強めていきます（ヒステリシス）。そこには相互生成、パターン形成、状況に応じた状態遷移のダイナミックな相関関係があります（オートポイエーシス）≫

≪後で述べる「卓越者の階等序列」も組織メンバーに位置情報を提供します≫

引用はこれ位にしておきますが、生命論的組織論を考える際には、このように、生命について書かれた文章が参考になります。なぜなら、組織それ自体が生命だからです。リーダーも生きた存在ですから、＜生命論的＞リーダーシップ論についても、これらの記述から多くの示唆を得ることができます。

最後にプリゴジン博士の言葉を引用します。記述内容については私なりの解釈も一部交えていることをお断りしておきます。

『われわれは法則によって支配された世界と、不確実性の支配する世界の間で引き裂かれた存在です。これは自然はすべて認識可能という考え方と、人間の責任と自由によって選択的に行動する以外にこの世界を認識することは不可能だという考え方の二元論的対立を生み出します。人間はこの二元論的矛盾を乗り越えるために、これまで決定論的法則から演繹的帰結を導く機械論的還元主義に依拠してきました。それは今日の資本主義文明を発展させる原動力となってきましたが、同時にこの世界がもつ生命的豊かさを見失わせることにもなってきました。

しかしいまは、この両者の間に新しい統一を目指すべき時代です。それは一貫的・論理的・必然的な一般理論を作ることの情熱と、人間の自由・創造・責任という民主主義的理念という二つの矛盾し合う目標を調停し橋渡しする原理でなければなりません。言いかえれば、理想化された静的世界と不安定で進化発展していく動的世界の二者択一を乗り越えるものでなければならないということです。それは、個の自由から生まれる巨視的レベルの進化発展的過程こそが秩序形成の源泉でありその現場であるという事実、および個の自由が真に生かされるには非平衡状態から生成される創発的秩序のなかにおいてのみであるという事実、この二つの事実にともに立脚することによってのみ可能となります。

いまや創発しつつあるのは、決定論的世界と偶発性だけから

なる恣意的世界という二つの人間疎外的な描像の間の中間的記述です。世界は法則に完全に支配されているものではないし、世界はまったく偶然に支配されているわけでもありません。盲目の法則と放縦な事象との間の劇的な二者択一から逃れる隘路を構築し、予言でき制御できるものと、そうでないものとの境界設定を明らかにすることです。それによって複雑系を特徴づける非平衡不安定性に関する新しい形の理解可能性を拓くことです。われわれの住むべき世界は、二者択一を乗り越えるこの動力学的な中間記述の場所にしかありません。それがどんなに隘路であっても、光へと通じる路はそこにしかありません。そこは人間の創造力と想像力の源泉、新しい意味が発生する場所です。そここそが、われわれ自身を自然のあらゆるレベルに遍在する根本的動向の表現たらしめることを可能にする場所なのです。そういう意味では、われわれはいまその転換点、すなわち新しい合理性の始まりへと差し掛かっているのです。その解明のための使命を担うべきものとして、われわれはいまや新しい地平、新しい問題、新しい危険を見出しつつある特権的時代に生きているのです』

　以上は、主として『確実性の終焉』(みすず書房) からの引用ですが、一部プリゴジン博士の日本における講演の要旨も付け加えました。生命論パラダイムのエキスがここに尽くされています。

第三回
男女共同参画社会

いま「男女共同参画社会」が国是として提唱されている。企業で言えば、管理職に占める女性の比率を先進国並みに30％以上（現在は10％程度）にしようという計画である。それには女性の意識改革も必要だが、組織におけるリーダーシップのあり方自体も変えていく必要がある。それがないと、男性が支配する「男性性原理社会」に女性が後から参入するというこれまでのスタイルを変革することはできない。むしろ問われているのは、女性性原理（生命論パラダイム）によっていかに男性性原理（機械論パラダイム）社会を脱構築するかという高等戦略である。

Question 1
生命論パラダイムと男女共同参画社会とは、どう関連しますか?

Answer

　生命論パラダイムを一言で要約すれば次にようになります。「個（部分）の創発的揺らぎが合生されて全体が自己組織的に秩序づけられ、全体が秩序づけられることで個（部分）はそれぞれの位置情報を得てその役割特性が定まり、こうして個（部分）と全体とは統一的生成体へと相補・相依的に抱握されていく。この合生と抱握のダイナミクスによって生命体は自らの存在を持続的に把持することができる」。企業組織も人間社会も生きた生命体ですからそこにはこれと同じ原理が働いています。

　男女共同参画社会が真に実現するためには、企業と社会の両方でこの合生と抱握のダイナミクスが十全に機能していることが必要です。合生とは多様性の合生です。男性は言ってみれば、機械論パラダイムに適合しやすい機能的・制度的存在ですから、企業にとってそれを規範的に秩序づけるのは比較的容易です。しかし、女性は出産や育児・保育などにキャリア形成の大事な時期に多くの時間と労力を割かれるだけに、その生涯に亘る勤労形態はどうしても多様にならざるを得ません。したがって、女性に対しては規範的秩序づけよりも、その多様性の合生的抱握をどう実現するかが企業にとって（社会にとっても）中心課題となります。

　企業は男女共同参画を実現していくなかで、対象は女性だけでな

く、特別な処遇を必要とする特殊技能専門職社員、外国人などの多様な人材を合生的に抱握することにも習熟していかねばなりません。そうすることで、企業における男女共同参画の実現は、それだけに止まらず社会全体のダイバーシティを高め、その生命的強靭さを強めていくことにもなります。

　ここには、生命論パラダイムによって企業組織が脱構築的に再編成されていくなかで男女共同参画社会が実現し、男女共同参画社会の実現を通して企業は自らを生命論的により頑健に再構成していき、それがまた男女共同参画社会をよりいっそう強靭に進展させていく、という相互生成的循環があります。男女共同参画社会の実現は、生命論パラダイム的観点から見て、このような歴史的意味のある課題なのです。

＜メモ＞　合生と抱握

　合生とは＜部分＞が＜全体＞を能動的に先取りしていくこと、抱握とは＜部分＞が＜全体＞の可能性のうちに自らを実現していくことである。いずれも主体性は＜部分＞の方にある。

　＜全体＞は一見与件にように見えても、その実は多重・多様な＜部分＞の合生的抱握体なのである。

　＜部分＞は微分的に独立していてそのベクトルは必ずしも揃っていないが、＜全体＞から見れば積分的に抱握された一つの統一ある＜全体＞を形成している。これは部分の揺らぎが増幅されていつしか全体を大きく変容させていく複雑系に特有の組織理論そのものである。

Question 2
男女共同参画社会における女性のあるべき地位や活躍の具体相について、どう考えますか。女性学の将来可能性という観点も交えて話してください。

Answer

　もともと女性と男性の間に性差をもとにした人間的差別があってはなりません。あり得るのは人格的に対等な人間同士の役割分担をベースにした相補的協働関係だけです。

　しかしながら、近代になって抽象的なヒト、つまり「労働力」としてのヒトを登場させたことで、逆にそこに男性性（「男というものは…」の言説）と女性性（「女というものは…」の言説）のジェンダー差別相が導入される（ないしは際立たせられる）こととなりました。つまり、近代になって労働量という定量的価値基準を導入することによって逆説的にかえって性差という定性的差別体制を制度化することとなったのです。その制度化された性差別体制への批判として、ジェンダー論や女性学が登場し、あるいはフェミニズムやウーマンリヴ運動が展開されることとなりました。

　それは、一方では男性性原理で構築された現代社会を脱構築（批判）するための強力な武器として、他方では現代社会にふさわしい男性性・女性性のあり方を改めて見直す新たな視点として、一定の役割を果たしてきました。

Question 3
その成果はどうだったと見ますか?

Answer

　いま、わが国の人間開発指数（教育、健康、労働参加などの人間開発面での女性の地位）は138か国中12位でそれほど低いとも言えませんが、ジェンダーギャップ指数（政治・経済面で男性に比べて女性の活躍度が相対的に進んでいるかどうか）になりますと134か国中94位と極めて低位です。ジェンダー・エンパワーメント指数（政治・経済の意思決定に参加している度合い）で見ても54位と揮いません。分かりやすい指標として女性の管理職割合を見てみますと、わが国では10・6%（課長以上になると4.7%に止まります）なのに比して、アメリカは42.7%、ほかの先進国はいずれも31%を超えています。その他の指標（たとえば、修士や博士あるいは弁護士や公認会計士のうちの女性比率、医学部や法学部で学ぶ学生における女性比率、など）を見てもわが国の女性進出度は世界のなかでかなり見劣りするのが実情です。

　では、どうすればよいか、ここでは女性学の今後の展開いかんという質問に焦点化して考えてみます。そもそも女性学が拠って立つ学的立場はどのあたりにあるでしょうか。ただ批判のための武器としてのジェンダー論ではなく、ジェンダー論を踏まえたうえで、女性学をどう立ち上げるかの問題です。

　私は「生命論パラダイム」こそがそれだと考えています。二十世

紀は要素還元主義の「機械論パラダイム」に立脚した世紀であったと総括できると思います。それは近代官僚制的権力機構を支えてきた原理でもあります。それに対し２１世紀が立脚するのが「生命論パラダイム」です。すべてを自己組織性（自己生成性＝オートポイエーシス）、非平衡安定性（恒常性＝ホメオスタシス）、動的相関性（共振性＝シナジェティクス）、および求心性（中核価値求心性＝ストレンジアトラクター）、経路選択性（覚悟的意思決定性＝セレクター）、経路依存性（歴史性＝ヒステリシス）の諸側面から事象を捉え直す思考法です。

　それは「機械論パラダイム」に立脚する男性性原理を一切無視して、すべてを「生命論パラダイム」に立脚する女性性原理に置きかえようというのではありません。そうではなく、これまで男性性原理に傾斜しすぎていた振り子を「生命論パラダイム」によって本来あるべき人間性原理へと連れ戻そうということです。そして、その振り子を元へ戻す際のパワーの担い手になるのが女性性原理を深く学ぶ「女性学」なのではないかというのが私の見立てです。

　そういう生命的視点をもって現実に対処するなら、対等な人間同士の間の相補的役割分担・協働関係の新しいあり方も見えてくるはずです。そこで主題化されるのは、性差を超えた「個的人間の自由」をいかに賦活するか、「個的自由」をいかにして「全体的秩序」へと束ねるかの問題系です。

　そこに見えてくるのは、一言で要約するなら、「すべて物事は多数の要素が複雑・多様に相互作用する複雑系であり、個々の要素はそれらをはるかに超えたスケールで自己組織化しつつある全体的プロセスの自己表現にほかならない」という"いのち"の働きの原

風景です。個の働きはたとえどんなに小さな揺らぎであっても、それはシステム全体の働きの表現であり、逆から言えば、だからこそそれは構造自体を大きく変化させることもできるという発想にも繋がります。

男女雇用機会均等法が、これまで男性性原理が支配的な社会システムに女性が男性と対等の資格で参加しようという発想だけにとどまるなら、それは依然として２０世紀的な枠組みの範囲内の発想であってその埒外に一歩も出るものではありません。それではかえって男性性原理に取り込まれるだけ、下手をすればそれへの荷担とさえなりかねません。

新しい人間学としての女性学が目指すべきは「生命論的パラダイム」によって人間世界に、いわば文明史的転換をもたらすことでなければなりません。その先兵の役割を担うのが女性であり、その理論的基礎づけを行うのが女性学であるべきです。

＜メモ＞　男性性原理と女性性原理

男性性原理は機械論パラダイムに、女性性原理は生命論パラダイムにそれぞれ親和的である。もちろん、男性であっても生命論パラダイムに親炙している人もいれば、女性にも機械論パラダイムに馴染んでいる人もいる。さらに言えば、人間性にはもともと、男性性原理と女性性原理とが両方とも含まれている。それがジェンダー規範によって作為的に、男・女の性差問題として表象化されることとなったのである。女性学やジェンダー論に求められるのは、その作為性を暴き、人間本来の人間性をどう回復するかである。

Question 4
具体的には
何からどう改めたらよいでしょうか？

Answer

　具体的には次のようなことが問題となるでしょう。
・非正規雇用に偏る女性雇用形態の是正。
・正規雇用の法制化。
・ワークライフバランスが達成可能な「家族・子育てにやさしい企業」文化の推進。
・官・民・学の協力による女性に適合的な人材フロンティアのさらなる開発。
・女性の活躍による組織のダイバーシティの促進。

　特に、ダイバーシティ推進のためには、企業において次のようなことが求められます。
①職務・職位・職階・職級制の見直しとその弾力的運用。
②勤務制度の見直しとその柔軟な運用。
③ライフステージに応じた多様で弾力的な人事制度。
④リーダーシップ改革、マネジメント力向上（職場風土の改革）。
⑤女性リーダー層の社会に開かれたネットワーク化。

　併せて、社会においても次のようなことが求められます。
①男性の働き方改革、男性の意識改革（機械論パラダイムによる画

一的・固定的・権力志向的意識の、生命論パラダイムによる弾力的で柔軟な共同生成的意識への変革）。
②結婚・出産・子育て支援サービスの充実。
③労働市場の流動化。
④ソーシャルビジネスなどの新分野における起業家支援。
⑤差異は尊重するが、差別は断固排除するグローバルに開かれた文化の醸成。

　しかし、何よりも大切なのは、社員の働きそのものの変革です。たとえば、
①体制に無自覚的に自己同一化してしまうのではなく、あえて自分を周縁化し距離化することで、健全な批判者的立場を見失わないことです。これは主に若手・中堅社員に求められるスタンスです。
②既往の方式を漫然と踏襲するのではなく、進んで異質なものを自己刷新の契機として積極的に自らの内に取り込むことです。組織体制の構成要素をあれこれ入れ替えてみたり、あるいは組織構造をいろいろと組み替えてみるのがそれです。これは主に管理者層に求められるビヘイビアです。
③従来のいきさつや、あるいは場合によっては自己自身への拘りを捨てて、いわば無私の立場で、遭遇する困難や新規事態のすべてを体制変革のチャンスと捉えて活かすことです。これは主に経営幹部層に求められるビヘイビアです。

　すべての成員がこれらすべてのスタンス、ビヘイビアを身につけるなら、その組織は鮮度を保ってつねに発展し続けるでしょう。

Question 5
男性性原理社会を突き崩すには、男女ともに意識改革がまずは必要だということですね。そのためにはわれわれの「仕事観」それ自体も変革される必要がありますね。

Answer

　普通われわれは、仕事という言葉と職業という言葉をほとんど区別しないで使っています。しかしそこにははっきりした区別を設けるべきです。つまり、仕事は生命的な、したがって生得的な人間活動であるのに対して、職業は自分の意志で選んだ、何らかの組織活動に自己拘束的に進んで参画することです。つまり、機能的な有用性・必要性を実現してくプロセスへと自らの可能性を意識的に自己限定するのが職業です。

　文明が進展するにつれて、生きることそれ自体と生きるための手段的課業とが分離してきます。つれて、生きること＝仕事をすることが本来もっていたはずの生き生きとした生命活動の本質は、次第にその課業的要素によって覆われていき、「～において」あったはずの人間存在は、「～のために」ある存在へと変質させられます。それによって、人間の生命論的・実存論的存在の側面である「仕事」と、その課業的・手段的存在の側面である「職業」とは分離することとなります。こうして現代の人間はこの両側面を一体的に統合しようとして、あるいはその間の矛盾をどう調停するかに苦労しながら日々を生きざるを得なくなります。人間が「働く」ことの苦労はこの仕事と職業の間をどう調停するかにあります。これがわれわれが現代においてどう「生きる」かという問いの内実です。

Question 6
仕事と職業の間にある矛盾を調停するとは、両者をスムーズに統合することを通して職業生活のもつ人間的意味を再発見することですね。

Answer

　完全な調停はできなくても、調停のための努力は可能です。それができれば、自分の職業意識を課業意識から解放して人間本来の仕事意識へと連れ戻すことができましょう。それによって改めて仕事のもつ生命論的・実存論的価値を再確認することもできましょう。

　こうして仕事＝職業が一体的に統合された理想的状態を「活動」と呼ぶなら、人間が生きて活動する存在であり続けるべく、「場」における自らの主体的条件、および場が成立するための客観的条件が明らかにされ、その条件のもとで不断に人間的活動が再組織されるような状況を作り出すことも可能になりましょう。いわば体制内非体制派＝非体制派的体制派の生き方がそれです。

　そうなれば人は単に生活の糧を得るために労働するのではなくなります。生きて働く限りはそれを超えて、そこに何らかの意味・価値を見つけたいと思うようになります。何とか生き甲斐・働き甲斐・やる気を奮い起こしながら日々の勤めに主体的に励むようになります。

　問題は、そのような状況を可能にする主体的・客観的な「場」をどう構築するかです。それが経営トップをはじめ経営幹部の仕事です。

Question 7
仕事をすること、働くことが、すなわち「場」の構築となるような生き方とはどういう生き方でしょうか?

Answer

　それは会社べったりのいわゆるサラリーマン根性からは生まれません。主体的仕事意識のためには敢えて職業を放擲もするという覚悟も要りますし、あるいは、主体的職業意識のためには本来の仕事意識もいったんは括弧に入れるという決意も必要です。その覚悟・決意のなかで自らの自律的規範性を回復させるのです。

　つまり、自らの拠って立つ倫理・道徳規範以外にはほかから一切の統制的制約を受けつけないという毅然たる態度を堅持することです。

　人間活動の自由はその倫理・道徳的規範を全体整合性をもって不断に自己検証することではじめて保証されます。そうなれば、職業は自己責任において義務を引き受け、自らを一つの役割存在として差し出す覚悟的奉仕活動となります。仕事は自己を超えた価値に自らを捧げる崇高な自己犠牲的活動となります。かくして仕事意識＝職業意識は天職意識・天命意識へと昇華されます。

　各人がそういう真に自立した自律規範存在となったとき、はじめてこれまでの他律的男性原理社会は根底から揺るがされることとなりましょう。

　そして、そこから自律規範存在が主役となって活動することができる、生き生きとした強靭な社会が実現するでしょう。そこではもはや男女の性差は撥無されています。

Question 8
男女性差が撥無された男女共同参画社会においては、家事労働も男女共同参画の労働とならなければ全体整合性がとれないと思いますが、そこはどう考えますか？

Answer

　家事労働と一口で言いますが、女性にとっては「子どもを産み育てる母性」としての役割と、「家庭・家族を宰領し維持していく主婦」としての役割の二つに分けて考えるべきでしょう。

　前者については、出産は男性が代替することが不可能な女性特有の役割ですが、保育・育児については夫である男性も含めて社会全体が等しく関わっていくべき国民的課題です。当然のことながら夫たる男性も対等のパートナーとしてこれに共同参画する権利と義務を併せ持っています。

　男女共同参画社会では、女性は保育・育児の当事者、家庭経営の主宰者であると同時に、自立した有職の婦人であることが求められます。

　それをサポートするには、企業サイドでの育児休業制度、財政面での育児手当の支給、保育所のさらなる拡充なども当然に必要ですが、たとえば、企業従業員が保育している5才未満の児童数に応じて法人税を減税するなど、そのほかに考え得るあらゆる手段が講じられて然るべきです。

Question 9
そのような社会全体の理解と
サポートも当然に必要ですが、
しかし、現実はどうでしょうか。
家父長制的男性原理が家庭・家族のなかで、
さらには社会のなかで、
もっと言えば日本文化のなかで、
いまだに大きくのさばって
いるのではないでしょうか?

Answer

そういう観点から家父長制についてこれまでさまざまな批判がなされてきました。曰く、「男性が女性を支配することを可能にする社会的権力関係の総体」（ソロコフ）、あるいは、「産業社会における女性の男性にたいする従属のシステム」（デルフィー）、「女性の再生産労働とその労働の成果である再生産物が男性＝家父長によって領有されていること、およびそれへと女性の自発的な献身を動員すること」（上野千鶴子）、「男性支配の全般的文化に女性を従属させること」（エルソン、ピアソン）、等々です。

これらはいずれも男性による女性の支配という性差別を突くものですが、これをもっと広く権力強者（男性複数）の弱者（男女を含む複数）支配という視点へと広げるなら、「男性間の階層制度的関係と男性に女性支配を可能にするような男性間の結束」（ハートマン）と言ったような言説ともなります。男性サイドからもこういう観点から同様の権力支配批判がもっとあって然るべきと思います。

Question 10
では具体的にどうやってそれを打破しますか?

Answer

　それにはまず、家族・家庭関係に家父長主義的権力支配構造が残存することによって近代資本制の権力構造が支えられ、同時に、資本制権力構造のなかにある家父長制原理によって家族制のなかの家父長制原理が支えられており、両者は相補・相依的な相互生成関係にあるという冷徹な現実認識をもつことです。それではじめて、産業社会における男女共同参画の実現が、家庭・家族のなかに残存する家父長制原理を打ち砕き、家族・家庭のなかでの男女共同参画の実現が、産業社会のなかに深く根づいている家父長制的権力支配構造を没却するという基本戦略を描くことが可能となります。どちらが主、どちらが従ということでなく、相補・相依的、相互生成的共同作業としてそうすべきなのです。男女共同参画社会の実現とは、そういう歴史的課業に男女を問わず一人ひとりが、主体的に参画することなのです。女性は生理学的に、あるいは脳神経学的に、子どもや家庭・家族をケアするように生まれついており、男性は同様の理由から、もともとそれには不向きな存在なのだという説もありますが、そして、そこにはジェンダー論からの批判もあり得ますし、そのほかそれなりにいろいろと考えさせられる問題領域が広がっていますが、ここでは問題を複雑化しないために、そこには立ち入らないこととします。ご興味のある方は『女はなぜ昇進を拒むのか』（スーザン・ピンカー、早川書房）をご覧になってください。

第四回
組織のダイナミクス

企業組織に限らず、人間が秩序ある集団を形成して何事かをなすとき、そこにはかならず全体をリードする組織原理が働いている。すなわち、成員の創発的意欲を盛り上げ、それを結束させる中核価値を提示し、そのもとでメンバーの一致共同を組成し、組織文化を育み、つど適切な状況選択を行いつつ、組織の定常的発展を図ることである。

Question 1
組織メンバーのやる気を喚起し、それを束ねるには、そこに固有の組織原理が働いているということですね。

Answer

　組織が有効に機能するためには、まず、組織が置かれている立ち位置についての客観的な状況認識が必要になります。次いで、その状況認識を踏まえて、そこからよりよい状況を出現させるための選択的な判断行動が導き出されなければなりません。＜本講＞では前者を「アフォーダンス」、後者を「アブダクション」と名付けます。

　組織にはもう一つの側面があります。メンバーの「やる気」「意欲」を喚起し、それを全体の組織目標に向けて束ねる仕事です。＜本講＞では前者を「エマージェンス（創発）」、後者を「コヒーレンス（結束）」と名付けます。

　アフォーダンスとアブダクションをX軸にとり、エマージェンスとコヒーレンスをY軸にとって、そこにできる4象限座標系を図示すれば右のようになります。

　なお、本図ではエマージェンスは、その現象形態である「オートポイエーシス（自己励起性＝自己組織性という現象）」に、コヒーレンスは、同じく「ストレンジ・アトラクター（自己求心的自律性＝集団結束性という現象）」に、それぞれ呼び変えてあります。

　図には表示していませんが、この座標系の原点には「アテンダンス（覚悟を伴った生きる姿勢、あるいは生きる「構え」・「かた」）」

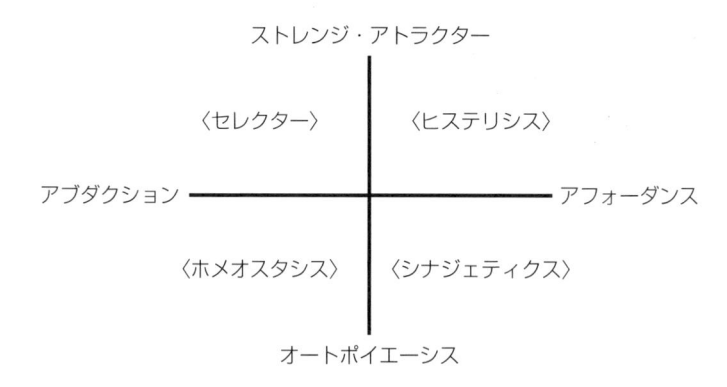

```
                    ストレンジ・アトラクター
                            │
        〈セレクター〉      │    〈ヒステリシス〉
                            │
アブダクション ─────────────┼───────────── アフォーダンス
                            │
        〈ホメオスタシス〉  │    〈シナジェティクス〉
                            │
                    オートポイエーシス
```

が配されます。あるいは、中心にあって全体を調停するという観点からすればここに「アレンジメント」を配してもよいでしょう。

　問題は、このXY座標系の各象限に配された、シナジェティクス・ヒステリシス・セレクター・ホメオスタシスの4要素を、いかにサイクリカルに、あるいは認知フィードバック的に、再帰的に回すかです。

　協働経験の蓄積が次なる経路選択を導き、組織に恒常的な安定をもたらすというサイクルもあれば、組織の恒常的安定性を主眼に置いて、経路選択を適正に行いつつ、組織を挙げての一致協働体制を構築していく、という逆のサイクルもあります。

Question 2
アブダクションについて、日常生活と関連づけて少し詳しく説明してください。

Answer

　日常生活でいちばん大事なことは各自の生活倫理をどう構築し、それに遵ってどう実践し行動するかです。以下では生活倫理に焦点を当てて説明していきましょう。

　生活倫理は現実に根ざしていなければなりません。また社会慣習や法規範とも整合的でなければなりません。それらとの間で演繹的に、あるいは帰納的に論理一貫性があって、はじめて日常の生活倫理となることができます。しかしながら、限られた情報のなかでシンプルな生活を営むことができた時代ならば、おおよその問題は演繹法か帰納法で処理すれば大方の納得が得られたでしょうから、生活倫理は単純であってもよかったでしょう。かくあるべしの大命題さえ与えられれば、日常の生活規範はおのずから演繹されたでしょうし、生活倫理も日ごろ親しんでいる社会慣習からの帰納で、さしたる違和感なく受け容れられたでしょう。

　しかし、今日のように溢れかえる情報のなかで、多様な価値観をもった異質の他者同士が、その差異性を互いに際立たせながら生きているような複雑性の時代ではそうはいきません。演繹法とも帰納法とも違った手法で各人が各人別に抽出した生活倫理がそこには求められます。その手法がアブダクションです。

　アブダクション手法は図解すれば次のように表示できます。本図

では矢印は一方向にのみ示されていますが、実際は随時逆方向にもフィードバックされます。

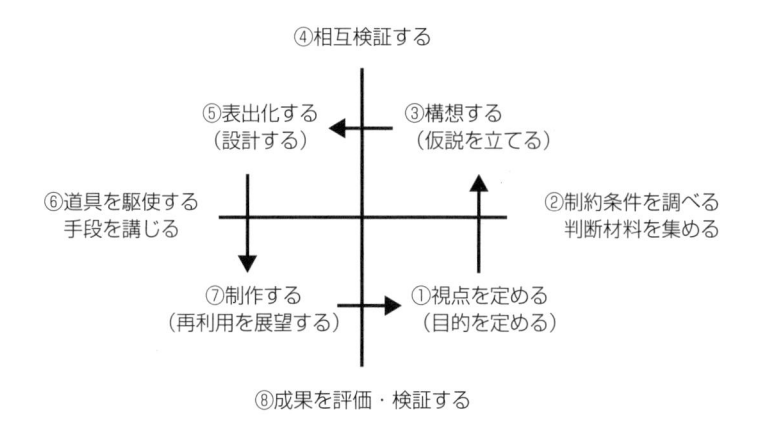

```
              ④相互検証する
                   ↑
   ⑤表出化する  ←  ③構想する
   （設計する）      （仮説を立てる）
                              ↑
 ⑥道具を駆使する                ②制約条件を調べる
   手段を講じる                 判断材料を集める
                ↓
   ⑦制作する    → ①視点を定める
   （再利用を展望する） （目的を定める）
                   ↓
            ⑧成果を評価・検証する
```

　「ものづくり」の場面を思い描いてください。まず、①視点（目的）が仮説的に定められ、その欲求や期待の内容と水準が決められます。次に、②それを実現可能にするための制約条件あるいは判断材料となる資源の状況が調べられます。次いで、③それを基に全体的な構想が仮説的に構成され、それがさまざまにシミュレーションされます。それが決まれば次に、⑤それは目に見えるように表出化されます、たとえば、設計図（あるいは計画文書）という形で図式化（定義）されます。③仮説と⑤設計の間で何度か④相互検証がなされます。次いで、⑥これまでに蓄積してきたノウハウや智恵や情報を道具的・手段的に駆使しながらそれを具現化する方途が探られます。⑦こうして制作過程に入ります。制作品はいつでも補修や改造あるいは再利用ができねばなりません。最後に、⑧そうして得ら

れる制作品は当初に仮説的に思い描いていた目的あるいは期待水準に適合的であるかどうかが評価・検証されます。不適合であればフィードバックされ、ふたたび上記のプロセスがやり直されます。つまり、より高次のアブダクション・プロセスへとフィードフォアードされます。

　生活倫理の形成過程もこれと同じです。そこでもこの一連の繰り返しが行われます。そのアブダクション・プロセスのなかで大方の納得が得られる行動規範が生活倫理として当事者間で定着していくこととなります。人は誰しも現に、合理的推論に先立ってある仮説を予見的に設定し、その仮説と整合性のとれた理解を確率推論的に導出し、その理解に基づいて自らと環境（他者を含む）との間の適合性を瞬時にかつ不断に予見し、あるいは産出しながら現実の生活を営んでいます。そのなかで生活倫理が構築されていくのです。

　この一連のアブダクション・プロセスを駆動するには、デザイン能力、構想力が何よりも求められます。デザインとは何かしら目の前にあるものをなぞることではありません。自分で発見し、構想し、創造していくものです。それは結局のところ暗黙次元を裂開させる力能（後に補講一で説明します）であって、それには豊かな感性の働きに期待するほかありません。アブダクションを駆動させるのも、生活倫理を根底で支えるのも結局のところ各人の感性です。

Question 3
次は、アフォーダンスについてお願いします。

Answer

アフォーダンスとは、「環境の変化の幅に相応した行動の変異の幅を産出する能力、および最も成功した行動の変異を選択しその行動の変異を産出する能力を維持する能力」（『アフォーダンスの心理学』エドワード・S・リード、新曜社）とされます。

つまり、環境に最も適合的な行動スタイルを一定の幅をもって選択的に実現していくことを通して、破綻することのない構成的世界を持続的に生成発展させていくのがアフォーダンスです。これは生命体に特有の能力であって、人はみな生命体である限りこの能力を生得的に具えています。

問題はそれを人・家族・社会が互いにどこまでアフォードし合えるかです。そういう意味では、われわれが住み込んでいるこの世界はアフォーダンス（支え合い）の複合体だと言えます。われわれは普通それを「絆」と呼んでいます。生活倫理を根底で支えているのがこの「絆」です。

このように環境条件を織り込んだ摺り合わせ、綯い合わせをアフォーダンスと呼びますが、そこで大事なことは、そこには超越的な外挿された規範は存在しないということです。あくまでも各人が拠って立つ環境条件がまずあって、それをほかが互いにアフォードし合うのです。したがって、そこには認知フィードバック的な循環論

法があります。すなわち、環境条件自体（他者の行動を含む）がわれわれ個々の活動と相互作用し合う相補的相関項ですから、そこにはいわば不確定性原理が働いており、したがって世界理解はおのずから認知フィードバック的な複雑性思考とならざるを得ないのです。

そこでは、環境（他者）との関係においてわれわれが自らをどう変化させるか、それによって環境（他者）をどう変容させていくか、それを基に環境（他者）との総体的な関係をどう組み替えるかがつねに問われます。そこでの解は当然に多義的になります。すなわち、得られるのは全体にとっての最適解ではなく、あくまでも関係者にとっての満足解です。アフォーダンスとは、その満足解を導出するために、各人の自由な判断と行動を互いに是認し合い、そのプロセスを互いが支援し合うことです。

＜メモ＞　不確定性原理と複雑性思考

すべての項が互いに相互作用し合っている系にあっては、系の振る舞いを一義的に決定することはできず、せいぜい確率論的な推計をもとに、暫定的な解を仮説推論的に導くしかない。そこでは試行錯誤がつきものであり、認知フィードバック、再帰的思考ループが専らとなる。それが複雑系思考である。

経営とは、まさに不確実性原理に立脚する複雑性思考の場であり、つねに多義性に対して開かれている。これに一義的な定義を与え、複雑性をできる限り、多数が納得する自明性へと縮約するのが経営トップの役割である。

経営トップに求められる資質は、その困難に耐える柔軟性と頑健性を併せ持つことである。

Question 4
認知フィードバックについて説明してください。

Answer

　認知フィードバックとは、環境への順応的かつ創造的適応によって自らと環境とが同時に再編・再組織化されていくという相互規定的・相互補完的プロセスのことです。

　そこではその作動規準も結果の評価規準も自らが覚悟を定めて選択し設定し変更していくほかありません。予め決められた規準はどこにもありません。

　われわれにできることは、互いがそのような宿命的プロセス存在であることを、ある種の諦念をもって相互承認し合うことだけです。われわれはみなそのようにして自らの生活倫理を認知フィードバック的に各自構築しながら日々を生きています。

　認知フィードバック的生活倫理構築の例としては、家族を考えてみれば分かりやすいと思います。家族にとって大事なことは、家族の間には相互作用性・相互規定性があって、日々その内実は再編・再々編されつつあるのだという現実をメンバー全員が等しく認識することです。しかも、それは各自が覚悟を定めて選択的に創発させるしかありません。人が家族の一員として生まれ、生きていくということは一種の宿命です。その宿命を引き受けて、その創発・生成に主体的に参加する中で、自らの生活倫理を認知フィードバック的に定義していくしかないのが家族というものです。

Question 5
そうして構築される生活倫理は、どのようにして社会倫理と結びつくのでしょうか?

Answer

　生活倫理から社会倫理が形成されるには、そこにはそれ固有のダイナミクスがなくてはなりません。

　人間力エネルギーは自由に解発されねばなりません。それには、一時的に局所的な暴走ないしは逸脱と映ることがあっても、それを抑圧したり、ましてやそれを予防しようなどしてはなりません。そんなことをすれば、人間力エネルギーは発現の路を閉ざされ、やがてはエネルギー自体が衰微・枯渇することとなります。場合によっては発現を抑えられた人間力エネルギーは溜まりに溜まってついには制御不能のマグマ爆発を起こして生活倫理＝社会倫理の成立それ自体を潰乱させることになりかねません。そうなればそこに外部から超越的な強制規範が呼び込まれることになってしまいます。

　人間力エネルギーは適切に拡散・散逸させることで、それを生産的エネルギーに転じさせねばならないのです。エネルギー回路を広げるとか、バイパスを設けるとかして、その発現プロセスを巧みにコントロールすることもときには必要です。創発的エネルギーはつねに流動し中心部を揺るがし、周縁部を活性化します。自律規範としての生活倫理はその創発的プロセスのなかで社会倫理へと合生・抱握されていきます。

　その合生・抱握の機序はつぎのようなプロセスを辿ります。

個々の創発的エネルギーが自由に解発されます。それは周囲の環境条件と相互作用しながら（アフォードし合いながら）、一定の方向性をもった安定軌道へと束ねられていきます。そのような軌道は場のあちこちで、いくつも生まれます。それらの個々の軌道もまた、場の置かれた状況との相互作用の中で、状況を選択しながら、同時に状況から選択されながら、より大きな安定軌道へと束ねられていきます。この一連の束ねが「合生」であり、安定軌道化が「抱握」です。つまり、社会倫理とは個々の生活倫理の合生的抱握体だということです。

　こうして活力に溢れた生活倫理＝社会倫理が創発的に起動されますと、今度は生活倫理＝社会倫理がフィードバック的に作動して社会全体の創発的エネルギーをいちだんと賦活することとなります。

　こうして生活倫理＝社会倫理が創発的エネルギーと相互に賦活し合いながら、より緊密に連接されていきますと、生活倫理＝社会倫理はいっそう弾力性・包容性を具えることとなります。活力ある社会（組織も含む）はみなそうなっています。

Question 6
創発的エネルギーから生活倫理が導出され、生活論理が社会倫理へと合生され、そうやって形成された生活倫理＝社会倫理がふたたびフィードバックされてそれを再賦活するというダイナミクスは、観念的な図式としては理解できますが、生活倫理が社会倫理に結びつくところが少し分かりにくいのですが。

Answer

個々人の立場に立ち返って考えますと、このプロセスには試行錯誤のエネルギーロスが伴うことは避けられません。したがってエネルギーロスを最小限に止めるために、われわれは、まず予め社会倫理体系をいろいろと措定しておいては、それを自分なりに解釈し、意味づけながら、自らの生活倫理をその社会倫理体系のなかで最適位置に就かしめようと努めます。それには各自に高度な状況認識力、判断力、バランス感覚などが求められます。

しかし同時に、それらの諸力を駆使しながら生活倫理と社会倫理の間をよりスムーズに調停する努力を通して、人は自分の個人的な判断や行動がそのまま社会的な出来事・経験の素材となって生かされることを知るようにもなります。このように、まずは生活倫理と社会倫理は相互作用・相互生成的関係にあることを押さえておく必要があります。

その体験を通じて、人は真に社会人として成熟していきます。そ

のなかで人は心の安らぎを自覚できます。投じられたエネルギーが大きければ大きいほど、自分が社会倫理の形成主体として主導的役割を果たし得ているという自覚が強まっていきます。そして、その自覚が強いほど、その人間力エネルギーは自分だけでなく、社会に向かってもさらに強く発動されるようになります。そうなると生活倫理もその最も高潔な部分が刺激されてさらに高次に覚醒させられることとなります。

　こうして生活倫理＝社会倫理はより高次のレベルで相互生成的に成立することとなります。そこでは人は社会倫理の網の目の結節場そのものとなります。真の生活倫理の体現者とは、そのような社会倫理の結節場でいつも覚醒している者のことです。

　本セミナーで言う卓越者とはそういう存在です。そのような卓越者（覚醒主体）に支えられてはじめて、社会はみなで共有・共活用可能な知識・情報が次々に共生産されていく敏感な装置となります。かくして、社会は成員にとっても社会それ自体にとってもともに生きられるに値する時空間となります。

　こうして、人は生活倫理＝社会倫理を構築していくなかで、社会適応能力をよりいっそう高度化していきます。

　それだけでなく、それは自身および家族の生活スタイルを変えていきます。それぞれの拠って立つ生活倫理＝社会倫理は互いに摺り合わされ、人・家族・社会は一つに綯い合わされていきます。

　アフォーダンス機制にはこのような摺り合わせ、綯い合わせも含まれます。そこからまた新たな生活倫理＝社会倫理が構築されます。

Question 7
アテンダンス（企投性）とは、覚悟を定めて物事に取り組む姿勢あるいはその心構えということですが、それには自分のなかに、揺るぎない中核価値がなければなりませんね。

Answer

　そうです。中核価値は倫理・道徳と言いかえてもよいと思います。通常、倫理と道徳は区別しないで使われていますが、もともと倫理とは他者との関係の場における（外在化された）規範意識のことであり、道徳とは自らが拠って立つ自己に内面化された規範意識のことだと解するのが妥当だと思います。人は、この二つの規範意識を何とか調停しようと努力しながら生きています。

　この二つの規範意識間の調停努力を通して、他者と共有できる共通の意識基盤が形成されます。それができてはじめて、人は互いの信頼関係を構築することができます。たとえその信頼関係が互いの他者性を相互確認し合うだけという不確かな関係であったとしてもです。

　人はそれによって少なくとも自らに対する批判的距離を獲得することができますし、他者に対しても過度に距離を縮めることなく（あまりに濃密な関係にならずに）適度なスタンスを保持することができるからです。

Question 8
倫理について少し補足をお願いします。

Answer

人間がこの世に生まれ落ちるということは自らの選択意思とは関係なくある特定の人間関係のなかに受動的に投げ入れられることですが、人間が特定の家族の一員として生まれるという事実がそうであるように、それは一種の与件として受け容れるほかないものです。

しかし、人はそれを単なる外的強制として受け取るのではなく、何とかしてその事実に主体的・能動的・創造的に関わろうとして生きていきます。与件としての環境条件と主体的・能動的・創造的な関わり方との間にはズレや、それからくる葛藤があるのは避けられませんが、そのズレを意識しながらも人は主体的自由意志(アテンダンス＝企投性)によって何とかその間を調停(アレンジ)しながら生きていきます。

環境条件のうち最たるものは他者たちの存在ですから、重要なのは、他者同士がそのズレを、互いの主体的自由意志が無思慮に介入してはならない各個別信条(プライバシー)の領域に属するものとして互いに尊重し合うことです。この相互尊重が倫理の基礎です。

したがって、倫理のポイントは、互いの主体的自由意志を尊重し合うことに尽きることとなります。そして、それが可能なのは主体的自由意志なるものが、そもそも可塑性をもつものだからです。自らの内部に矛盾葛藤を抱え、それを何とか調停し、繕っているという事実がそこにあるからです。

第四回　組織のダイナミクス

Question 9
組織人としてのあり方を例にとって説明してくれますか。

Answer

　人は組織の一員としてあくまでも機能的役割に徹しようとする「個」の側面と、成員他者との協働的関係を巧みに操作しつつそこに他者受容の世界を拓こうとする人格的「個人」の側面とを併せ持っています。その間のダブル・バインドを解くには実践行動によって他者了解の場を拡張していく以外にありません。この機能的役割と人格的他者了解を統合する実践的努力（アテンダンス＝企投性）のなかで組織人としての倫理観念が鍛えられていきます。そもそも人が組織のメンバーに加わるということは組織世界に自らを企投（アテンド）することですが、それは自発的・覚悟的選択意思（アテンダンス＝企投性）によって組織世界に自分を機能的「個」として投げ入れ、そこに自分が人格的「個人」として生きる場を生起させようと企てることです。「個」は組織世界の全域を俯瞰する視点は持ちあわせていませんから自分の局所的＜見え＞を通して全域のありようを想像するよりほかありません。その際、局所的＜見え＞を全域的＜見え＞に繋ぐ手掛かりとなるのが、同じ＜開かれた場所＞で同じ体験を生きる人格的「個人」としての成員各他者たちです。日常体験を通して把握した局所的体験を同じ体験の場において、成員同士の人格的触れ合いのなかで、多元的に交換し合い相互に学習し合いながら全域世界のイメージを共同形成していくのです。その相互生成された全体イメージを共有し合っているという安心感が組織（社会）倫理を支える基盤となります。

Question 10
道徳についても補足してください。

Answer

　組織倫理が機能的「個」の方に重心がかかっているのに対して、道徳は人格的「個人」の方に重心がかかっています。

　その違いはありますが基本構造は倫理の場合と同じです。人は社会の場であくまでも自分の価値実現に拘ろうとする側面と、他者との人間的関係を多元的に編成しつつそこに他者了解の世界を拓こうとする側面とを併せ持っており、そのダブル・バインドを何とか解きながら人は生きています。

　人はまったく自己の殻に閉じこもるのでもなく、ただ世間付き合いだけに心を砕いているわけでもありません。ダブル・バインドを解くとは、心のなかに他者受容の場を開くことによって＜心の開かれ＞を体験することです。

　こうして価値実現と他者受容を調停（アレンジ）しようとする努力（アテンダンス＝企投性）のなかで道徳観念・道徳感情が鍛えられていきます。

　つまり、調停の満足とその深化のなかから人間としての道徳観念・道徳感情が育まれていくのです。

　互いが互いの個人道徳・道徳感情を理解し合えるのは、倫理の場合と同様に、それが内部矛盾を超克する中で得られた満足解だということを互いが認知し合えるからです。道徳の場合は倫理に比べて、多少「個人」的側面にウエイトがかかっているという違いはありますが。

Question 11
倫理と道徳について両者がよってくる淵源について説明してもらいましたが、それによりますと、対人、対組織、対社会との間で形成される倫理と道徳は人間同士の共同主観によって編み上げられ、またつねに編み直されつつある織物、イメージの曼荼羅だということでしょうか?

Answer

　そうですね。言いかえれば、成員各人が思い描いているイメージの曼荼羅図が互いに摺り合わされるプロセスとして社会・組織は存在するということでもあります。社会・組織の一員となるということは、その目指されてはいるがけっして収束することも到達することもない不断のイメージ構成プロセスに自らを逃れられないプレーヤーとして企投することです(アテンダンス＝企投性)。成員同士の信頼や安心は互いがそのプロセスに共同主観的に内属し合っているというこの事実の相互確認から生まれます。

　共同主観はつねに揺らいでいますからイメージの曼荼羅もまた宿命的に揺らがざるを得ません。むしろ、そのように揺らぐ曼荼羅であってこそはじめてそれは生きて働くことができます。この揺らぐ曼荼羅世界のなかで人は安んじて人格的「個人」として、同時に機能的「個」として生きていくことができます。揺らぐことがなければ倫理・道徳はあたかも不動の実体であるかのように錯認され、人の振る舞いを鋳型に嵌めて硬直化させることとなります。硬直化はさまざまな社会病理・組織病理の発症因となります。

Question 12
アテンダンス（企投性）は、硬直化した信念とか、自己拘束的な信条などとは無縁の、むしろそれとは対極にあるような、状況適応的で弾力的な自己定立性だということですね。

Answer

そうです。敢えて付け加えるまでもないと思いますが、中核価値であるべき倫理・道徳もまた同様に状況適応的に弾力的に自己定立されるべきものです。

それを図解すれば次のようになります。

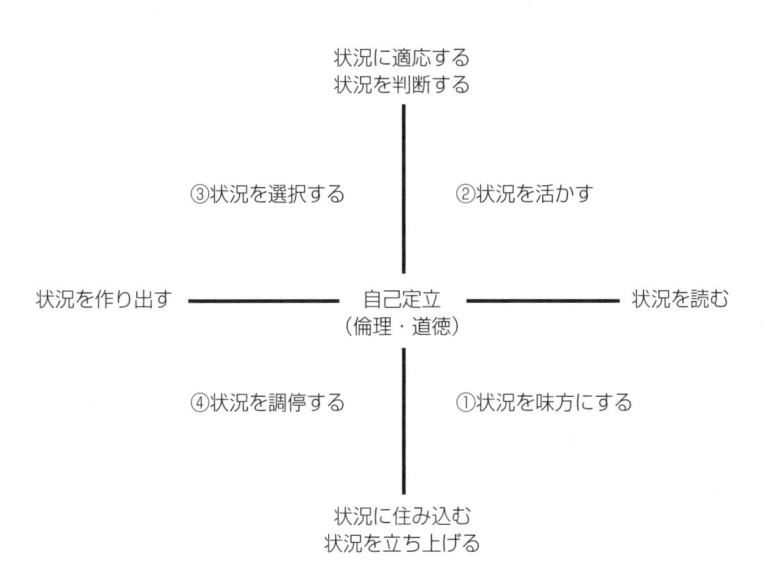

```
                状況に適応する
                状況を判断する
                     │
   ③状況を選択する      │    ②状況を活かす
                     │
状況を作り出す ────── 自己定立 ────── 状況を読む
                   （倫理・道徳）
                     │
   ④状況を調停する      │    ①状況を味方にする
                     │
                状況に住み込む
                状況を立ち上げる
```

第四回　組織のダイナミクス

Question 13
アテンダンスの説明のなかで、「構え」・「かた」という言葉が出てきましたが、それではどうしても硬直化した姿勢を連想してしまいますが。

Answer

「生きる構え」について考えてみましょう。意識世界を統一させるには拠るべき範型がなければなりません。われわれはそれをわが国古来の「かた」の思想に見ることができます。能や茶道、華道あるいは武道における「かた」です。

「かた」には教則としての型と、弛みない自己鍛練によってはじめて身につけることのできる形とがありますが、ここに言う「かた」は教則に則った鍛練によって獲得される型＝形のことです。それには稽古、身心の修行、心法の工夫などが必要とされます。「稽古とは音曲・舞・はたらき・物まね、かようの品々を極むる形木也」（世阿弥）です。そして、この修行によって到達するのが自由無碍の境地、「無心無風の型」、「無文の能」（世阿弥）です。日本の剣道でも「かた」が重視されます。そこでも「無形之構」「無念無想」「無心の位」が究極の型とされます。それはどんな変化にも自在に対応できる自由無碍の「構え」という点で「無文の能」に通じています。目指されているのは「心になす事なくして身手足がする」（柳生新陰流）境位です。「手足身が覚え候ひ、心は一切入らぬ位になる物」「物に心をとどめぬ…無念無心の位」（沢庵『不動智神妙録』）、「我心間に拘わらざる時は、間は明白にして其位にあり、故に心に間を止めず、間に心を止めず」（『一刀斎先生剣法書』）、「心を広く

直にして、きつく引っ張らず、少もたるまず、心のかたよらぬやうに、心をまん中におきて、心を静かにゆるがせて、其ゆるぎのせつなも、ゆるぎやまぬやうに、能々吟味すべし。静かなる時も心は静かならず、何ともなき時も心は少しもはやらず」(『五輪書』)です。

　このように、かた・心・身が一体となった自然の無心状態が強調されるのは芸道・武道に限らずわが国のすべての修行に共通です。則るべき教範はあるがけっしてそれに拘束されることなく、むしろそれが創造の源泉となり、かえって現実世界に対処するに自在の境地に達することができる、というのがわが国の修行の文化、道の文化です。修行が進めば型に随いながら形から開放され、型を超えた無心自在の境地に達し、いったんその無心自在の世界に入れば人はその場からふたたび現実の世界に還帰して何事にも平常心で振る舞える自由を獲得し、そこにまた美しい型＝形を編みだす、というのがその基本の考え方です。

　「かた」や「構え」はわれわれの日常の生き方にもそのまま直結しています。社会の規範的秩序にもこの「かた」「構え」があります。「かた」は硬直した型であってはならず、「構え」はむしろ揺らぐ「構え」でなければなりません。しかも「構え」は崩れることがあってはなりません。その到り着く極致に「身心体用一元の様式美」が花開きます。そこでは取り去ることのできるものは極力取り去り、必要欠くべからざるもののみを残す「無曲」「無文」「無心」が最高の境地とされます。一貫して言われているのは「無」です。この「無」の境地で顕わになるのは精神の高潔さです。いま「かた」への志向は失われ、「構え」の姿勢は崩れようとしています。そうなれば、間違いなくやがて高貴な魂も姿を消します。現に国家レベルでいまそれが起こっています。

Question 14
関係性（アフォーダンス）と自立性（アブダクション）を分ける意味についてもう少し説明してください。関係的自立は関係性と自立性の間を調停する努力の結果として達成されるということなのでしょうか。

Answer

　関係性とは、周囲の状況を読み解きつつ場に関わっていく際の「自己」のあり様です。自立性とは、状況を適切に読み解いた結果としてその場に最もふさわしい行動をその都度選択する「自己」の働きです。われわれは通常、この二つの「自己」を区別していませんが、意識的であれ、無意識的であれ、人は両者の間に何らかの矛盾葛藤を覚えつつ、その間を何とか調停しながら生きています。それが関係的自立存在の現実です。

　話を分かりやすくするために、「関係性」自己が場に関わっていくそのあり様を「仕事」（人が生きていくということは周りの状況との相関関係をあれこれと自己編集しながら何らかの「為事」をするということです）と捉えることにします。「自立性」自己が場に関わっていくその働きのことを「職業」（人が主体的に自立して生きていくためには生活費を得るために何らかの「職業」に就かねばなりません）と捉えることとします。

　この両者（「仕事」と「職業」と）は通常は区別しないで使って

いますが、現実には、職業でない仕事はいくらでもあります。たとえば家事は職業ではありませんがれっきとした仕事ですし、ＮＰＯやＮＧＯの活動も仕事ではあっても職業とは言いません。報酬対価を伴わない一生の仕事（為事＝ライフワーク）は多くの人がもっています。そういう意味では両者は範疇を異にする概念です。

　およそ人間にとって自分の天命が何であるかは必ずしも分明ではありません。つねに暗中模索しながらいつしか人生の過半が過ぎて、結局はこれが自分のライフワークであったかと後になって得心する、というのが大方の実情でしょう。そういう意味では、仕事意識は生涯をかけて発見的に自己生成していくべきものです。

　それに対し、職業意識は自覚的です、つまりその内部構造が自分にとって比較的に分明です。自分の多様な可能性を自らの決断によって特定の分野に限局する意志的選択行為だからです。一部の芸術家など恵まれた人間を除いて、大多数の人間にとって職業は一種の断念（諦念）を伴う宿命的選択行為であって、天職意識には程遠いのが実情ではないでしょうか。

　一方は発見的・模索的行為（仕事）、他方は諦念的・宿命的行為（職業）、この両者が矛盾なく合致することは本来的にはあり得ません。つまり、人はみな仕事意識と職業意識の不適合に苦しみながら、生きていくために何とか両者を調停しつつ日々働いているのです。仕事意識と職業意識とが幸運にも合致しているような希有なケース（たとえば一部の芸術家や宗教家あるいは教育者のように天命＝天職意識を持ち得るようなケース）を仮に想定したとしても、その意識レベルが高ければ高いほど、かえって自分が現にしている為事が孕む矛盾やギャップに苦しむことも多いはずです。だからこそ

彼らは生涯をかけて修行に励み、優れた事績を残すことができるのだとも言えます。

　自己の内面に閉ざされた仕事意識だけに拘っていると、社会的意味のある開かれた職業意識は生まれません。それでは単なるホビーの域を越えられません。逆に職業意識にだけ囚われていると、関係性の柵にがんじがらめにされて、人生のなかで大事な部分を占める仕事意識を見失ってしまうことになりかねません。人は社会という他者一般と身体的に関わるなかで、社会規範意識を身につけ、組織という自らが選択した場にコミットするなかで組織規範意識を身につけ、自らの仕事意識と職業意識の摺り合わせを行っています。そして、両者の間を不十分ながらも何とか調停できるのは、成員各人のうちに内発する「責任（社会人としての責任、組織人としての責任）」の観念によってです。それは何とかして（社会・組織にとって）有意味な存在でありたいという精神的希求に裏打ちされています。この「責任」の観念によって、はじめて人はいわば「天の召命」に奉仕しているかのごとき充足感を覚えます。この充足感によって媒介された仕事意識と職業意識の摺り合わせ努力のなかで、人はより高次の人格存在へと鍛えられていきます。

　われわれがせめてかくありたいと思い描くのは、このように仕事意識と職業意識との間の矛盾葛藤に苦しみながらも、むしろそれを調停する努力を契機に、双方の意識をより高次のレベルで統合することにこそ、自分が現に生きて働くことの意義を見出し得る、そういう存在者です。そのとき、人は意欲に充ちた人格的統合感（統合的人格意識）をいくぶんかは感じることができるでしょう。

　以上の「仕事」（ないし仕事意識）と「職業」（ないし職業意識）

は、それぞれ「関係性」と「自立性」にそのまま置きかえることができます。人は「関係性」自己と「自立性」自己の間で、その間を何とか調停しながら関係的自立存在としての自己を生きています。関係性に偏りすぎて自立性を見失うことなく、自立性に拘りすぎて関係性を蔑ろにすることもなく、両者の間で巧みにバランスをとりながらそう生きています。

　＜本講＞でアテンダンス（アレンジメント）と呼んでいるのはそのより高次レベルの統合感覚のことです。関係的自立存在を支えているのが、そのアテンダンス（企投性）です。一言で言いかえるなら「信念」です。本セミナーで言う卓越者とはその「信念」の人のことです。

　以上の関係を分かりやすく図解すれば次図のようになります。

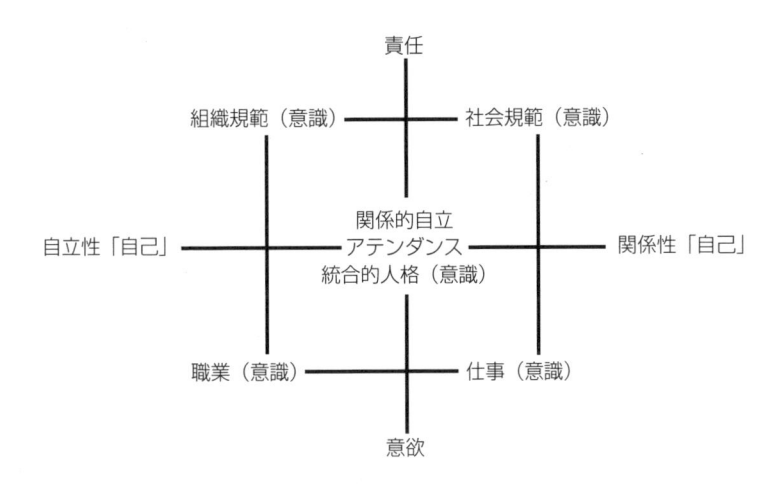

```
                        責任
                         │
組織規範（意識）─────────┼─────────社会規範（意識）
                         │
                  関係的自立
自立性「自己」──────アテンダンス──────関係性「自己」
                  統合的人格（意識）
                         │
職業（意識）─────────────┼─────────仕事（意識）
                         │
                        意欲
```

第四回　組織のダイナミクス

Question 15
逆の考えもできるのではないですか?
人は誰しも「アテンダンス」存在として、ある覚悟を定めてこの世を生きている。そのなかで、人はやがて、自分が「関係性」に「アフォード」された存在でありつつ、同時に「自立性」をもって「アブダクティブ」に生きてもいかねばならない、そういう両義的存在であることに覚醒していく。右顧左眄することなく、まずは自分の立ち位置を定めて、覚悟を決めて、この世に主体的に対処すべきであるという考え方はどうでしょうか?

Answer

　素晴らしい考えです。子どもの育ちから見てもまさにその通りですね。まず、人は社会（世界、家族のなか）に生まれ落ちる。嬰児にとってこの社会（世界、家族）は与件です。そして、子どもはやがてその後の育ちのなかで、四囲の環境条件に囲まれている「自分」を見い出し、さまざまな制約条件を課されつつも、何とかそれに耐え、それを乗り越え、あるいはそれをうまく利用しながら、ときにはそれを喜びをもって楽しみながら生きていく。そのなかでやがて「自己」なる存在に覚醒しつつ、つれて「個性」を磨いていく。しかし、この段階ではまだ無意識レベルでの自己訓練であって、そこに出来しているのは「無垢なる自己」のレベルに止まる。長じてやがて社会（世界）との間で濃密で複雑な関係を取り結ぶようになるにつれて、自己なる存在の「無垢性」はさまざまな風合いに染めあげられていく。ときには、自ら意識的にそうする。私が「アテンダン

ス」、ないしは、「覚悟ある生き方」「生きる構え」「世に処する姿勢」などと言ったのは、この風合いのことだと言ってもよいでしょう。その「アテンダント」な自己が確立されて、あるいはその形成のなかで、多様な「生のプロセス」が営まれるのだということですね。

　言い換えれば、人は「公共人」として「公共圏」に生まれ落ちる。「公共圏」の住人として生きていくなかで、やがて自身が「関係性」存在であることに覚醒し、「自立性」をもって積極的に「公共圏」の形成・存続に関わっていくべき役割存在者であることに覚醒していく、「公共人」とはまさに、そのような意識的「覚醒者」のことだ、ということですね。

　先ほど、私が述べたのは、「関係性」と「自立性」に分裂した「自己」をまず措定し、その「間」の矛盾葛藤をどう解くかという観点から「自己」のあり方を問うという立場でした。今回は、まず「個性的自立」存在を措定し、その「個性的自己」がさまざまな経緯のなかで「関係性」存在と「自立性」存在へと意識の上で分断されていく、その分断の様態を問おうという逆の立場ですね。

　前者の立場は「自己」の内面を問うことからスタートしますが、後者の立場ではむしろ「社会人」「公共人」としてどう世界に主体的に関わっていくべきかに主眼が置かれることになります。この両面からアプローチすることで、われわれは問題意識の幅を広げ、理解を深めることができますね。

　その見方からしますと、関係的自立存在は同時に自立的関係存在でなければならないという複眼的な視点が得られます。人は自己内部の矛盾葛藤を抱えつつも、それを超克して積極的・主体的に関係構成に励むべきであるという視点ですね。よい問題提起でした。

第五回
リーダーシップの内実

リーダーシップには四つの働きがある。まず第一に、メンバー各人を、あるいは組織各部署を、「一致共同」させること（シナジェティクス）。第二に、リーダーシップを十全に機能させるため、組織内部に蓄積された「組織能力」「組織文化」を効果的に動員すること（ヒステリシス）。第三に、組織の進むべき道を適切に選択すること（セレクター）。第四に、組織をつねに動的安定状態に保つこと（ホメオスタシス）。これらが実現すれば、メンバーの意欲は喚起され（エマージェンス＝オートポイエーシス）、その意欲を組織目標に向けて力強く結束させることができる（コヒーレンス＝ストレンジ・アトラクター）。

逆の言い方もできる。まず組織的結束（コヒーレンス＝ストレンジアトラクター）によって、メンバーの意欲（エマージェンス＝オートポイエーシス）を方向づけ、一致共同（シナジェティクス）の体制を作り出す。その上で、組織資源をフルに生かしながら（ヒステリシス）、適切な選択と集中により（セレクター）、組織の恒常的発展を期する（ホメオスタシス）。

Question 1
リーダーたる者に求められる資質要件を組織機能面から捉え直すとすれば、どのような項目が挙げられますか? 四象限座標系の各象限に当てはめて説明してくれますか。

Answer

参謀型リーダーシップが発現されるのは組織経営のあらゆる局面においてですが、大くくりすれば経営課題の発掘(イシューレイジング)、およびその解決(ソリューション)の二局面に整理できます。これをリーダーが具えるべき組織機能要件として示せば次のようなマトリクスとなります。

	アブダクション	アテンダンス	アフォーダンス
ソリューション 課題解決	創造力 説得力	バランス感覚 度量・平常心	状況把握力 協働組成力
イシューレイジング 課題発掘	問題意識喚起力 問題点整序力	ヴァイタリティ 市場認識・解釈力	変異度発見能力 情報収集・編集力

これはリーダーたる者、特に参謀型リーダーたる者の資質要件でもあります。ほかにもいろいろ挙げることができましょうが、ここではそのいくつかを摘記するに止めておきました。

課題発掘(イシューレイジング)の局面から見ていきます(第四回セミナーで示した図を思い起こしてください)〈79頁〉。まず第一に求められるのは、〈アテンダンス…オートポイエーシス=エ

マージェンス>の局面で、<ヴァイタリティ、市場認識・解釈力>です。要は、市場動向に対して意欲的に取り組む姿勢です。次に求められるのは、<アフォーダンス・・・シナジェティクス>の局面で、<変異度発見能力、情報収集・編集力>です。要は、市場調査能力です。次は、<アブダクション・・・ホメオスタシス>の局面で、<問題意識喚起力、問題点整序力>です。つまり、解決すべき問題点を把握し呈示する能力です。

課題解決（ソリューション）の局面では、まず求められるのは、<アテンダンス・・・コヒーレンス＝ストレンジ・アトラクター>の局面で、<バランス感覚、度量・平常心>です。つまり、この人に任せておけば大丈夫という信頼感・安心感です。次は、<アフォーダンス・・・ヒステリシス>の局面で、<状況把握力、協働組成力>です。つまり、確りと体制を整える能力です。次は、<アブダクション・・・セレクター>の局面で、<創造力、説得力>です。つまり、創造性を持ってみなを引っ張っていく能力です。

少し補足します。イシューレイジング（課題発掘）とは、市場動向（世間のニーズ）に照らして自らの足らざる点を明らかにし、そのズレ（変異度）を市場協働的に埋めるための方途を探ることです（シナジェティクスに関わります）。それには市場から得られる情報に向けてメンバーの問題意識を喚起し、それへの具体的な対処方針を各自が各部署で優先順位をつけて整序するように仕向けることが大事です（ホメオスタシスに関わります）。その際、参謀型リーダーに求められるのは、市場から得られる情報の認識・解釈における独自性・意外性・斬新性です。マンネリ化した市場対応の旧套からヴァイタリティをもって脱するのが参謀型リーダーの役割です（エ

マージェンス＝オートポイエーシスに関わります）。以上はイシューレイジング（課題発掘）の局面についてです。

　次はソリューション（課題解決）の局面での補足です。課題解決とは組織全体が辿ってきたこれまでの履歴に則りながら、それぞれの部署が抱える状況的課題を自発的・自律的・協働組成的に自己解決するように促すことです（ヒステリシスに関わります）。参謀型リーダーに求められるのは、多少の逸脱があってもかえってそれを組織の活力に転換させるだけの度量とバランス感覚です。大事なのは組織場を流れるエネルギー流束を説得力をもって創造的に方向づけることです。滞らせたり塞いだりしないことです（セレクターに関わります）。課題解決の最大の効果は、それによって場全体に相転移的な揺らぎの効果を波及させることで、組織活力を不断に賦活することにあります（コヒーレンス＝ストレンジ・アトラクターに関わります）。

　上図には記入してありませんが組織機能面ではもう一つ大切な局面があります。インキュベーション（課題創出）の局面です（イシューレイジングとソリューションの両面に跨がって、このマトリクス全体をカバーしているものと考えてください）。課題創出とは組織の向かうべき方向・ヴィジョンに照らして、組織全体が対処すべき新たな課題を、洞察力をもってメンバー全員に提示することです（アテンダンスの局面です）。場合によっては全体の軌道修正という力仕事も要ります。広義のリスクコントロールもそれに含まれます（アブダクションの局面です）。それには優れた構想力によって経営資源をそれへ向けて重点的に有効に調達・動員する力能も求められます。とりわけ大切なのが最大の経営資源である人的資源を継続的

に育成・配置するためにいま経営が何をなすべきかの課題の創出です（アフォーダンスの局面です）。さきほどの図に倣ってまとめれば次のようになります。

	アブダクション	アテンダンス	アフォーダンス
インキュベーション 課題創出・自己課題化	リスクコトロール力 軌道修正力	洞察力 ヴィジョン提示力	構想力 資源調達・動員力

　以上、組織として対処すべき問題をいろいろと提起しましたが、これらはメンバー一人ひとりの課題へとブレークダウンされねばなりません。課題解決力そのものを各自が自己課題化するのです。端的に言って、自己を新しいより高次の自己に創り変えるよう促すことです。それができるのが卓越者リーダーであり、自らが卓越存在である参謀型リーダーの仕事がそれです。考えようによっては、それこそが最も重要な能産的組織機能と言えます。

　経営空間は、イシューレイジング（課題発掘）、ソリューション（課題解決）、インキュベーション（課題創出・自己課題化）の課題体系（空間）であり、そこでは人は、それぞれ、知識エンジニアリング人材、独創的プロフェッショナル人材、開かれたネットワーク人材となります。いま、企業で求められているのはそのような多面的能力を備えた人材です。＜本講＞で言う参謀型リーダー、卓越者リーダーこそそういう人材です。

Question 2
リーダーシップには統帥型と参謀型があり、これからは特に女性リーダーにとっては参謀型リーダーシップがよりいっそう親和的だということですが、両者の違いを例を挙げて説明してください。

Answer

　第八回で予定している内容ですが、せっかくの質問なので先取りする形になりますがここでお答えしましょう。<P-D-C-A>サイクルを例にとりましょう。PはPlan、DはDo、CはCheck、AはActionですね。これを機械論的に解釈して、統帥型リーダーシップのあり方というふうに受け取ってしまえば、下手をすれば、Planはノルマの押しつけに、Doはただ闇雲な実践に、Checkは上からのトレースに、そしてActionは単なる尻たたきになりかねません。それでは、メンバーの意欲を喚起するどころか、逆に意気を阻喪させるだけとなりかねません。生命論的な解釈の下で、これを参謀型リーダーシップのあり方だと受け取り直せば、このサイクルは右の図のように書き加えられます。

　つまり、参謀型リーダーシップの内実は、①<Plan>については、上から押しつける目標、あるいは外から課される課業ではなく、各自が「いま何が課題か」(Project)、「いま自分は何を推進しなければならないか」(Promotion)を自問させるように仕向けることとなります。②<Do>に関しては、単に行動へと駆り立てるのではなく、各自が創意工夫をこらして(Drive)、事

態開鑿的決意をもって主体的に行為する（Decision）ように促すこととなります。③＜Check＞については、チェックのためのチェックになりかねないところを、むしろ一致共同させるように（Collaboration）全体をまとめ上げ、関連部署との情報連絡を密にするように（Communication）場の状況を整えることとなります。④＜Action＞に関しては、単なる成果のトレースにならないように、むしろ逆に、成果を評価してあげて（Assessment）、その成果をみなで共有し合えるように、好事例としてほかに紹介する（Application）こととなります。

　これらは、参謀型リーダーにしてはじめてよく適合的になし得ることです。そして、それは多分、女性卓越者リーダーが最も得意とするところではないでしょうか。

　以上を図示すれば次のようになります。

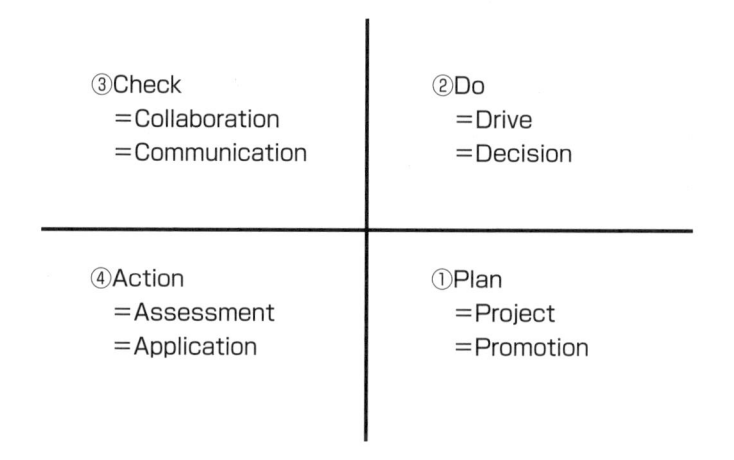

③Check 　＝Collaboration 　＝Communication	②Do 　＝Drive 　＝Decision
④Action 　＝Assessment 　＝Application	①Plan 　＝Project 　＝Promotion

Question 3
リーダーシップのあり方という観点からすれば、この＜P-D-C-A＞サイクルの回し方は、ほかにも普遍化して適用することができそうですね。

Answer

　組織はもともとそれを取り巻く諸条件が相互作用し合う複雑系の場所です。複雑系集団現象にあっては、場の揺らぎによって平衡が変化し、自由エネルギーが解発され、それによって運動の自由度が飛躍的に高められ、そのなかで秩序規範が場全体に自己組織的に行きわたるというのが特徴です。そこではリーダーの仕事は、1）重要課題に対する問題意識を喚起し、2）目的、目標の設定をより的確にし、3）創造的思考を涵養し、4）集団的思考のプロセスを改善し、5）より高い目標に向けて全員をサポートする、こととなります。そうすることによって、6）従来の枠組みや慣行を根底から改編し、旧来の軌道循環からは理解できないような変動を生み出すのです。7）そうすればそこは、成功を目指す意志、創造的活動の喜び、満足感の横溢する空間、飽くことを知らぬ行動へのさらなる衝動が渦巻く場所となり、8）そこから、日常性と功利性に対する新たな挑戦が生まれます（以上は、ドラッカーによる）。図解すれば次のようになります。

```
              7)成功・喜び・満足空間の実現
                        │
    3)創造的思考の涵養    │    2)的確な目標設定
                        │
                        │
  8)新たな挑戦 ─────────┼───────────── 6)枠組みの改編
                        │
                        │
    4)思考プロセスの改善  │    1)問題意識の喚気
                        │
              5)より高い目標へのサポート
```

　1）から8）までをそれぞれ次のように当てはめてみてください。いっそう理解を深めていただけるかもしれません。

　1）シナジェティクス
　2）ヒステリシス
　3）セレクター
　4）ホメオスタシス
　5）エマージェンス=オートポイエーシス
　6）アフォーダンス
　7）コヒーレンス=ストレンジ・アトラクター
　8）アブダクション

Question 4
このようなサイクルが滞りなく、効果的に回るには、どのような条件が必要でしょうか?

Answer

　求められるのは一言で言って、機械論的な権力統制原理とは対極にあるような、生命論的な生成原理で統べられた民主主義的な公共空間です。企業組織も結局は公共空間を形成する一モメントですから求められることは同じです。

　これからのあるべきリーダー像とは、このような民主主義的公共空間におけるリーダーたち、つまり要言すれば、＜集団の目標遂行のために集団全体が一致共同して喜んで協力するような、生き生きした自律的プロセスを組成できるリーダー＞、＜はからわず・委ね・促すだけで動的に秩序づけられた規範集団が自己生成的に形成されるよう「場の状況」を設営できるリーダー＞たちです。＜公共空間＞については補講一・二で再説します。

　＜メモ＞　会社は社会の公器

　会社は公共空間に開かれた社会の公器である。したがって、そこで働く社員も社会から預かった公共材である。会社も社員もしたがって私物化されてはならない。

　会社は社会公共に益してはじめて存続が許され、社員は会社がそれに値する存在であるかをつねに見張る責務を社会に対して負っている。

第六回
グルたちのリーダーシップ論

いまリーダーシップ論は大きく「生命論パラダイム」にシフトしてきているように見受けられる。権力行使的な「機械論パラダイム」の限界が見えてきたということではないか。リーダーシップ論の三大グル（教師）と目される、ジョン・コッター、ヘンリー・ミンツバーグ、ピーター・ドラッカーのリーダーシップ論は、いずれもそのことを物語っている。

Question 1
共通して言えることは、リーダーには男女を問わず、権力志向的パワーよりも倫理志向的高潔さが求められるということですね。

Answer

　成員各人が安心してリーダーシップへと自らを巻き込んでいけるのは、その軌道に身を投じていればけっして裏切られることがないという信頼によってです。

　信頼とは究極のところ高潔な魂への信頼です。リーダーに求められる資質はまず何よりもこの倫理性です。

　それは型に嵌まったルーティン的繰り返しや肩肘張った硬直的思考になずんだ頽落した精神とは対極にある自由闊達な精神です。覚悟を定めて未知の世界に挑む発見的・冒険的精神もそこに含まれます。

　組織という場は線形性と非線形性が織り成す複雑性の曼荼羅です。その輻輳した動的相関をみなが納得する形で読み解き、そこから組織の進路を具体的に呈示していくのがリーダーの仕事ですが、そこには公認された基準はありません。何を採択し何を棄却するかの規準も与えられていません。リーダー自身が、自ら覚悟を定めた選択行動によって、そこから意味と価値の世界を創造的に切り拓いていくほかありません。そこにリーダーの覚悟的選択意志の働きが求められます。それを支えるのは、リーダーの「魂」の倫理的高潔さであり、それがあってはじめて、成員各人の創発的行動も可能になります。

Question 2
結果については
リーダー自らが
責任を引き受けるしかないということですね。

Answer

　それが組織成員の理解と納得が得られるかどうかは、リーダーの覚悟的選択意志の発動がメンバーの信頼に耐え得るものであるかどうか、もっと言えば、その出処進退の鮮やかさに対するメンバーから寄せられる信認いかんによります。

　リーダーとメンバーの間に信認関係が生まれるのは、互いの能力や善意（好意）などによってではなく、その人格によってです。有能か無能かの評価はもともと相対的です。他者の能力を絶対視していると、期待した結果が得られないとき、それは容易に不信ないしは貶価に転じます。

　能力に釣り合うと判断して（されて）仕事を任せた（任された）限りは任せた方（任された方）も結果責任を引き受けねばなりません。

　信認の基礎にあるのはその相互判断に対するそれぞれの覚悟的決意です。他者の能力に対する評価と、他者に対して自分が懐く信認とは自己の判断（覚悟的決意）においてのみ統合されるのであって、この覚悟的選択意志に基づく(他者への)人格的信認という志操性がぐらつくようでは蔓延する相互不信によって組織は自壊するばかりです。

　他者からのあるいは他者への善意（好意）は状況の関数です。状況が変われば、あるいは状況判断が食い違えば善意（好意）は直ち

に無関心(無視)や場合によっては悪意(不信)にすらとって代わられます。

それに対し人格への信認は状況によって揺らぐことはありません。たとえその結果が期待した通りではなくても、それはむしろ優れた人格とその失敗の機会を共有し得たことの満足(悦び)によって補償されます。場合によってはそれを契機に信認関係はいっそう強固になることさえあるのはわれわれが日常経験する通りです。

組織とはこのような相互信認の場を不断に拡大再生産するプロセスです。それには冷静な状況判断と、目標への執念、妥協を許さない価値への志向、実現のためには敢えて譲歩もする柔軟性、矛盾するものの間で揺らぎつつ組織に恒常的安定性をもたらす才腕などが求められます。

また、組織が知の創発的統一体であるためには、最終的組織統率者・最高意思決定者であるトップリーダーにはそれに加えて、環境条件の変化を柔軟に織り込むことのできる高度の状況認知力も求められます。それには適切にフィードバック機構が働くように設計された各種サポートシステムも用意されなければなりませんが、それらを有効に創案しかつ柔軟に活用するのにもトップの豊かな才知が必要とされます。

リーダーには同時に、成員一人ひとりをかけがえのない固有名をもった個人として遇しようとする心の深さもなければなりません。人をけっしてマスとして類型化して捉えることのないよう厳しく自己規制する心根です。たとえば組織への不適応に悩んでいる者に対して、その個別事情に深く心を通わせることをしないで、原因を一般化して類型的対処を行おうとするのは浅薄な心でしかありませ

ん。そのような悩みを抱えている者たちに対して強権的統制によって求心力を確保ないしは回復しようとするのは冷酷な心でしかありません。それでは暴力的権力行使と変わりません。そのような権力行使的な画一的対処では人や組織をそこから救出することはできません。

やらねばならぬのは一人ひとりに寄り添いつつ心を通わせ、何らかの障害があるならそのよってくる根源を調べてそれを一つずつ取り除いてやることです。矛盾葛藤に苦しんでいるならそれをしなやかに受けとめ、本人が自力でそこから抜け出せるよう見守ってやることです。真のリーダーシップはこの深い心によって潤された愛情、大悲の心からしか生まれません。

それを最もよくなし得るのは、もともと母性的な資質に恵まれた女性リーダーではないでしょうか。参謀型リーダーもその範疇に入ります。

＜メモ＞　母性的資質

母性的資質とはひと言で言って、子どものためなら身を犠牲にすることを厭わない無償の愛にある。それは、何かの償いのためでもなければ、計算してのことでもない。しかも、その愛はすべての子どもに平等に注がれる。いっさい差別のない無償の愛、しかも同時に、柔軟な状況適応もできる才腕の兼備、この母性的資質を豊かに備えた女性から世のリーダーになる人材が多数輩出するとき、この世界には相転移的な変革がもたらされるに違いない。

Question 3
リーダーは
才知と悲心を兼ね備えた存在なのですね。
あるいは、
その間を揺れ動く存在なのでしょうか?

Answer

　人は誰しも機能的存在すなわち抽象的役割人格であると同時に、人間的存在すなわち生身の個人的人格でもあります。人はみなこの二つの人格の間を揺れ動きながら生きています。つまり、矛盾するものの間こそが人間社会の内部構造全体に揺らぎを与える震源地であり、ひいては組織・社会の知を創発させる源泉なのです。そこは深く人間の実存に関わる問題領域です。

　リーダーはそれを一身に体現します。リーダーの、その揺れ動きを調停する努力を通して、組織・社会全体のダイナミズムが生まれます。

　このように、リーダー自身が揺らぐ存在でなければなりません。すなわちリーダー本人が機能的人格と個人的人格の間でダブル・バインドされ、それを何とか自己調停している人格存在であってはじめて真の人間理解者としてリーダーシップを発揮することができるのです。それにはリーダーたる者、人間心理についても深く学ぶ必要があります。それは人間存在の心理機制に操作的に介入するための技法を学ぶためではなく、人間心理の揺らぎの機序を学習し、その自己調停によって自らの人格を実現することの実存的悲苦をメンバーとともに深く共感し理解するためです。

Question 4
リーダーシップと組織の倫理規範はどう関わりますか?

Answer

リーダーシップは組織の倫理規範に則っているべきなのは当然ですが、逆に、組織の末端まで倫理規範が行きわたっているならば、そこには必ず優れたリーダーシップがあるとも言えます。

倫理は深く暗黙次元の英知的力能に根ざしていなくてはなりません。暗黙次元に蔵された英知を明示次元(人知の働く領域)へと顕在化させたものが倫理です。

その根源にある暗黙次元とはどういう次元でしょうか、前著「<リーダーシップ>講義」の繰り返しになります(補講一でも触れます)が、少し立ち入って見てみます。

暗黙次元とは、人間にとって「意識の深層構造における不定形の可能態(井筒俊彦)」であり、「無限定な能産的自然の活動態(井筒)」そのものです。それは「意識の底にひそんでいる意味連関の深み(井筒)」であってそのままでは形象化して捉えることは不可能です。

それは霊性的直覚(鈴木大拙)あるいは行為的直感(西田幾多郎)によって辛うじて閃きないしは気づきという形で捉えられるだけです。つまり、暗黙次元は「霊性的直覚を具えた吾なる一現出点(鈴木)」において自らを裂開させるのであって人為のはからいを受けつけません。いわば「物きたってわれを照らす(西田)」のみです。

われわれは暗黙次元そのものには立ち入れません。そこから聞こえてくる声に耳を傾けることができるだけです。その響きに響応し得るだけです。しかしそれは誰にも許されていることではありません。特に鋭敏な直覚・直観をもつ者にしてはじめて可能です。この響応を直覚的に捉えることができるのが卓越者リーダーです。

　言いかえれば、倫理とはすでに顕現化されている何らかの規範を明示次元（知識次元）あるいは形式次元（制度次元）においてあれこれ操作することではなく、その背後に潜勢態として深く蔵された暗黙次元（深層意識次元）の根源的エネルギーをいかにして効果的に現勢態へともたらすかの力能です。

　潜勢態として覆蔵された暗黙次元とは、人間の知的活動に無限のエネルギーを備給し続けている叡智界のことです。この叡智界に属する知はわれわれの深層の無意識レベルでうごめいている知という意味で暗黙次元の知です。

　卓越者リーダーはこの暗黙次元の知を、言葉を通して、あるいは身体振る舞いによって、明示次元の知へとさまざまに裂開させます。このリーダーの働きによって組織の倫理規範は不断に活気づけられるのです。

＜メモ＞　暗黙次元の裂開

　暗黙次元は自ら裂開するのであって、人為のはからいを受けつけない。しかし、無為にして自ら裂開する暗黙次元の声を聴き取るには心の耳を澄ませていなければならない。状況を操作するのではない。そこには双方向的同時相互作用がなければならない。古来、宗教家や芸術家たちが暗黙次元の裂開に立ち会ってきたのにもその機微がある。ましてやわれわれ凡人は座して待っているわけにはいかない。

Question 5

ドラッカーやミンツバークによれば
リーダーシップとは、
＜重要課題に対する問題意識を高め、
目的・目標の設定をより的確にし、
創造的思考を涵養し、
集団的思考のプロセスを改善し、
より高い目標に向けて全員をサポートする＞
こととされています。
ここに謳われているのは、
リーダーシップと倫理規範との
根源的同根性ですね。

Answer

　その通りです。倫理規範の体現者であってはじめて、リーダーは「従来の枠組みや慣行を根底から変更し、旧来の軌道循環からは理解できないような変動をみなに経験させ」、「あらゆる困難を克服して革新を導入するだけの見識と行動力、意志と先見性、創造性」を発揮することができます。そのようなリーダーに率いられるなら、成員各人は「ヴィジョン、成功を目指す意志、創造的活動の喜び、満足感」をもって「飽くことを知らぬ行動への衝動、日常性と功利性への挑戦、創造活動による新しい軌道の設定」へと自らを巻き込んでいくことができます（「　」内は『シュンペーター的思考』塩野谷祐一、東洋経済新報社）。

Question 6
リーダーとフォロアーの関係については どうでしょうか?

Answer

　リーダーとフォロアーの関係は、カウンセラー（あるいはメンター、コーチなど）とそのクライアントの関係がそうであるように多様です。

　しかし、そこには共通の原理があります。それは一言で言って、人と人（あるいは、人とチーム、組織、社会）の間に介在してその相関をどう活性化するか、およびそのための場の条件をどう調整するかです。つまり、自らを巻き込むことによって自分を含めて場の状況を変革し、そうすることで場の相関関係をどう活性化するかです。よりよい関係性の構築に向けて互いの協働を組成すること、そのための方途をともに見つける努力をすることです。それを通して自分たちが直面している真の問題は何なのか、その問題を解決するにはどのような協力が可能かをメンバー全員と共理解するため相互意思疎通の基盤を共同構築することです。

　そこには作為的権力操作が入り込む余地はありません。主役はあくまでもメンバーであり、リーダーの役割はそこでの反応促進剤となること、いわば触媒機能を果たすことです。

　そういう観点からすればリーダーとフォロアーのあるべき関係は＜メンバーと問題意識を共有し、ともに問題に取り組む姿勢を確認し合い、解を導くプロセスに自らも含めメンバー全員を巻き込んで

いくこと>と要約できます。

　つまり、メンバーの意識レベルに差があればそれを埋め（シナジェティックス）、その方向感にバラツキがあればそれを揃え、互いの役割について相互確認し合い（ヒステリシス）、いくつかの選択肢のなかから互いの期待と有効性の判断に最も適合的な課題を優先順位をつけて選択し（セレクター）、それらの課題に満足解が得られるよう場を誘導していくこと（ホメオスタシス）、それがリーダーとフォロアーのあるべき関係ということになります。

　そこにあるのは相互学習・相互理解・相互支援・相互信頼の対等関係であって、管理・統制・指示・命令のような一方向的な支配服従関係あるいは強権的権力行使関係ではありません。

　そのような相互性を効果的に推進するのは組織の教育機能です。組織リーダーにとって最も重要なのはその教育機能の担い手としての役割です。そのためには組織内各所に発する揺らぎのうち有用な揺らぎを選別し、それを増幅させ、知価共創のサイクルに取り込み、全系の創発的発展に育てていかねばなりません（ストレンジ・アトラクター）。

　つまり教育機能とは、知識・情報を付加知価連鎖生成のための基礎的資源として有効に活用するための仕組み作りであり、権力行使的側面を弱めることでできるだけ多くの人の挑戦機会を支援し、相互学習・相互理解・相互支援・相互信頼が組織風土となるように促すことです（オートポイエーシス）。これらに支えられてはじめて、フォロアーは実力以上の力を発揮することができ、それによってリーダーもまた英知（叡智、暗黙次元の知）のより十全な発現主体となることができます。

その際忘れてならないのは、メンバー各自が自分の周りに広がる曖昧部分を自らの守備範囲に積極的に取り込みながら（アフォーダンス）、そこでの拡張された役割行動を各自が責任と使命感をもって引き受け合うこと（アブダクション）、および、各メンバーのその創発的意欲（エマージェンス）を組織の中核価値へと糾合する（コヒーレンス）組織文化が、組織の隅々にまで広く深く行きわたっていること、すなわちメンバー一人ひとりによって勇気と覚悟をもってそれが引き受けられていること（アテンダンス）、この一事です。

　以上を要約すれば次のようになります。

　リーダーとメンバーの間の関係は、

1）メンバーと問題意識を共有し、
2）ともに目標に取り組む姿勢を確認し合い、
3）解を導くプロセスに自らも含めてメンバー全員を巻き込んでいき、メンバーの意識レベルに差があればそれを埋め、
4）方向感にズレがあればそれを揃え、互いの役割について相互確認し合う、

という相互生成的関係です。

　そして、

5）いくつかの選択肢のなかから互いの期待と有効性の判断に最も適合的な課題を優先順位をつけて選択し、
6）それらの課題に満足解が得られるよう全体を誘導していくことです。
7）この一連のプロセスのなかでリーダーとメンバーの間に相互信頼・相互理解の関係が生まれます。

Question 7
リーダーとメンバーの関係は信認関係だということは分かりましたが、信認関係を作り上げるうえでいちばん大事なことは何でしょうか?

Answer

リーダーにとっていちばん大事なことは、恣意的に仮構されたディシプリンに僻することなく、あらゆる偏りから免れた座標軸零度の原点で、緊張に充ちてバランスをとりながら、不確実性を織り込んだ新たな挑戦へと場全体を動員することです。その行動様態を要約すれば次のようになります。

（1）シンボルを掲げそのもとでミッションを組成する。
（2）ヴィジョン、向かうべき方向、およびそのプロセス構想を示す。
（3）具体的行動への情熱を身をもって示す。
（4）責任回避せず率先してリスクテイクし進んで責任を取る者であることを闡明する。
（5）優れた言語能力（言霊力）によって為すべきことの意味・価値を伝える。
（6）他者を受容する心の豊かさに加え倫理・道徳にもとることのない規範性を具える。
（7）多様性・複雑性・自律性を理解し、受容し、それを最高の価値として奨励することで、成員各人との間に相互信頼・相互理解

を促進する意思疎通の回路を創りだし、そのうえで効果的に集団行動を組織化する。

以上を分かりやすく図解して示せば次のようになります。

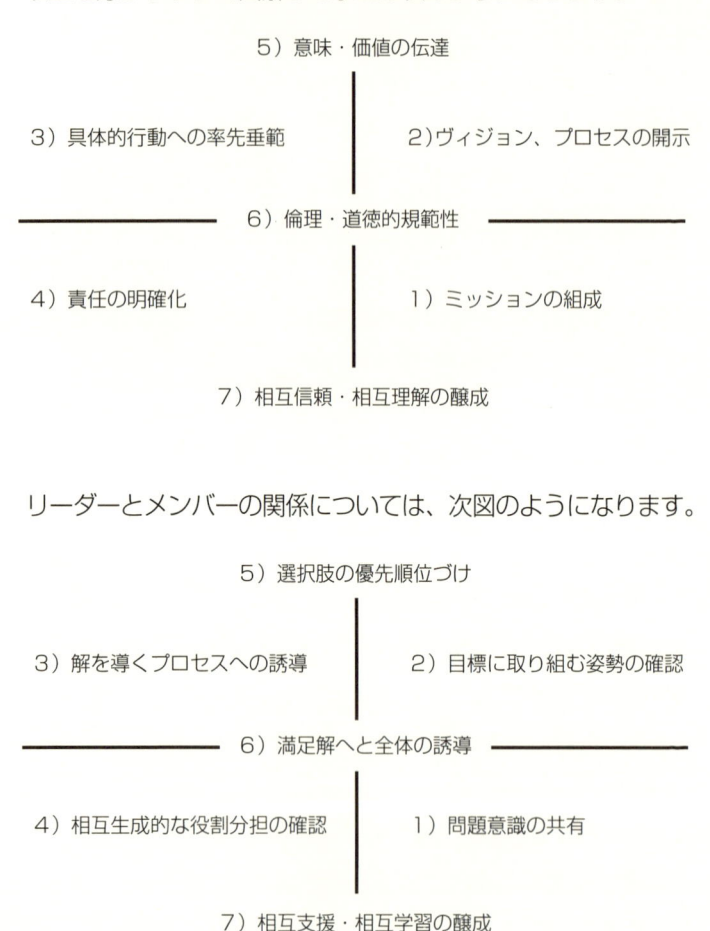

```
                    5）意味・価値の伝達
                           │
  3）具体的行動への率先垂範    │    2）ヴィジョン、プロセスの開示
                           │
  ─────────── 6）倫理・道徳的規範性 ───────────
                           │
  4）責任の明確化             │    1）ミッションの組成
                           │
                    7）相互信頼・相互理解の醸成
```

リーダーとメンバーの関係については、次図のようになります。

```
                    5）選択肢の優先順位づけ
                           │
  3）解を導くプロセスへの誘導  │    2）目標に取り組む姿勢の確認
                           │
  ─────────── 6）満足解へと全体の誘導 ───────────
                           │
  4）相互生成的な役割分担の確認 │    1）問題意識の共有
                           │
                    7）相互支援・相互学習の醸成
```

第七回
組織の病理と回復

組織は往々にして病む。それは多くの場合、リーダーシップの病いである。リーダーシップはなぜ病むか。リーダーがアフォーダンス（状況認識）、アブダクション（意思決定）、アテンダンス（自己認識）を誤るからである。あるいは、それらの間のバランスを崩すからである。問題はリーダーに人を得るかどうか、その選抜に関わる。

Question 1
組織がその病理から免れるにいちばん大事なのは何ですか?

Answer

　組織(システム)はつねに四囲の環境条件に対して開かれていなければなりません。閉じた組織(システム)では、たとえいくらコンプライアンスを声高に叫んでも空念仏に終わるだけです。開かれた組織(システム)のみがその病理から免れることができます。

　組織(システム)は四つの側面で内外に対して開かれていなければなりません。

　第一に、市場への開かれです。自らが市場の公正な形成主体であるだけでなく、自らの内部にも進んで市場の風を吹き抜けさせることです。市場すなわち顧客の目で自らの振る舞いを不断に見直すことです。

　第二に、民主主義的な公共空間へと自らを解き放つことで、自らの組織風土をつねに民主主義的に再構築することです。民主主義的な組織運営によって成員各人の創発的意欲を最大限に喚起し、その自由な活動を保証することです。

　第三に、技術環境のなかに正しく棲み込むことです。技術生態系秩序のなかで自分の位置取りをより確かなものにする努力を不断に怠らず、組織を越えて広がる技術ネットワークのなかでほかから不可欠の存在として認知されることです。

　第四に、付加知価連鎖系を生成する一員として、なくてはならない機能環の役割を十全に果たすことです。最終的な消費者に届くま

で最高の品質価値を作り込むべくすべてのステークホルダーとの間で効果的な協働を組成することです。

　以上の四つは、「閉じた組織」の枠組みに囚われていては実現できません。これらが可能なのは唯一「開かれた組織」のみです。これらを基礎にしてはじめてビジネス・エシックス（企業倫理）も実現します。

　これを分かりやすく図解して示せば次のようになります。

技術環境への開かれ	民主主義的公共空間への開かれ
付加価値連鎖系への開かれ	市場への開かれ

　「市場への開かれ」はシナジェティクス（市場との協働）、「民主主義的公共空間への開かれ」はヒステリシス（組織文化としての企業内民主主義の定着）、「技術環境への開かれ」はセレクター（最適技術環境の選択）、「付加価値連鎖系への開かれ」はホメオスタシス（組織の恒常的発展）にそれぞれ対応しています。

Question 2
コンプライアンス、
ビジネス・エシックス、
コーポレート・ガバナンスが
十全に機能するためには
何よりもこれらを根底で支える
組織成員一人ひとりが
「強い自己」であることが大事ですね。
組織腐敗現象から回復できるのも
その「強い自己」によってだと思います。
その「強い自己」は
どうすれば錬成されるでしょうか?

Answer

　それが最大の組織課題です。前から繰り返していますが、組織にあっては、人間は二重の人格の間で引き裂かれた存在です。一つは機能的な役割存在としての「組織人格」であり、いま一つは固有名をもった人格存在としての「個人人格」です（バーナード）。

　人はこの二つの矛盾葛藤（ダブル・バインド）を何とか調停しながら日々を生きています。この調停努力を通して人は自らの内部に確固たる倫理道徳的座標軸を形成しなければなりません。

　それができるのが「強い自己」です。この座標軸がぐらついている「弱い人間」が組織不祥事を起こすのです。

Question 3
その座標軸のしっかりした人間とは、どのような人格存在でしょうか?

Answer

　それは、前記の矛盾する人格の間で、相互否定的な契機を内包したまま、それらが融即的に調停された統合人格です。いわば「絶対矛盾的自己同一」(西田幾多郎)の世界を生きる人格、「即非の論理」(鈴木大拙)を体現する人格です。

　その究極が、たとえば次の如く、無私の境位へと自己超脱した人格でありましょう。ここまで達すれば人は状態空間を自在に横断しつつ、それでいてけっして軌道を踏み外すことはないでしょう。われわれ凡人では及びもつかないことですがとりあえず参照だけはしてみましょう。

　『正法眼蔵随聞記』は言います。
　「所詮は事に触れて名聞我執を捨つべきなり」、「心の内に上下親疎を分かたず、人の為によからんと思ふべきなり」、「即ち吾我を離るゝ、第一の用心なり」

　『臨済録』は言います。
　「透脱自在」、「無依の道人」、「無事にして純一無雑」、「随処作主、立処皆真」

　『碧巌録』も言います。

「それ人を争い我を負い、自ら逞しくし自ら誇るにはあらず。…一に七縦八横なるに任す」、「本来無事」

『歎異抄』でも同様です。
「往生は弥陀のはからはれまいらせてすることなれば、わがはからひなるべからず」、「これ自然なり。わがはからはざるを、自然とまうすなり」

「強い自己」とはこの＜無私の自己＞のことです。われわれ凡人には望むべくもない境地とはいえ、少なくともわれわれはそれを目指して努力することはできます。
　最後にもう一つ『正法眼蔵』から引きます。
「仏道をならふといふは、自己をならふ也。自己をならふとは、自己をわするゝなり。自己をわするといふは、万法に証せらるゝなり、万法に証せらるゝといふは、自己の身心および他己の身心をして脱落せしむるなり」。「まさにしるべし、…悉有を会取することかくのごとくなれば、悉有それ透体脱落なり」。
　このような＜自在の境位＞に達すれば、人は＜組織人格＞か＜個人人格＞かなどに拘泥することなく状態空間を自由に横断していくことができるようになりましょう。それでいてけっして軌道を踏み外すことはないでしょう。その鮮烈な軌跡のなかで豊かな経営空間がダイナミックに開かれましょう。その「開かれた経営」の場において真に「強い自己」が耀き出ます。

Question 4
組織が閉塞状態に見舞われるとそこに組織不祥事が胚胎するとのことですが、組織をそこから救い出すため何が必要でしょうか?

Answer

人間の営為はすべて集団現象です。集団現象は最初はカオス的振る舞いですが、やがてそこから自己組織的に秩序が生まれます。その典型が企業などの組織です。

しかし、秩序はいったん形成されるとやがて制度化されていき、ついにはあたかもそれが動かすことのできない規範であるかのように受け取られるようになります。そうなると、制度をどう効率的に運営するかだけが組織の主たる関心事となって、その根底で働いているはずの秩序形成原理や秩序作動原理のダイナミクスは見失われていきます。

秩序形成原理・秩序作動原理を駆動するエネルギーの備給源はあくまでも成員各人の人間力です。人間力とは、熱情・意欲に裏打ちされた倫理道徳力、つまり全人格的な力量のことです。この成員各人の熱情・意欲に溢れた自由な人間力活動から秩序が生まれるのであってけっしてその逆ではありません。

人間力が育まれるのは、人と人の間、物事と物事の間が孕む矛盾を調停するための体験や経験を通してです。人間力とはその矛盾に堪える力と言いかえてもよいでしょう。

集団現象の発現の場としての組織空間は、このような矛盾調停に

よって時々刻々と編成替えされつつある人間力の動的ネットワークなのです。組織病理からの回復の捷径はそのような人間力ダイナミクスをどう賦活するかの工夫です。組織がその閉塞状態から抜け出す機序については、＜本講＞でも取り上げたエドガー・シャインの説が参考になります。要約すれば次のようになります。

１）メンバー各人が自分の立ち位置を確認する。
２）互いが互いの違いを知り合い、適正な距離感をもって相互の振る舞いを認め合う。
３）そこに育つ自制心によって、各人が適正な対処行動ができるようになる。
４）そこから、組織参加、協働、貢献の積極的機運が醸成される。
５）それによって組織に柔軟性が生まれ、その雰囲気、ムードが変化する。
６）かくして、組織は対内・対外両面において自己革新力を高めていく。

　なお、組織の閉塞状態が打破される機序を図解すれば、次のようになります。

③互いに自制心をもって対処行動ができるようになる	②相互の振る舞いを支援し合う
④参加・協力・貢献の積極的な組織風土が醸成される	①相互の立ち位置を確認し合う

Question 5
組織はつねに瑞々しい生成の無垢状態に還されねばならないということですね。それには強いリーダーシップが求められますね。

Answer

　リーダーシップとは上から指示・命令することではありません。暗黙次元に渦巻く人間力エネルギーを巻き込んでいく求心的な力のことです。その求心力が暗黙次元を明示次元へと媒介する回路の役割を果たします。それによって人間力はより高次の次元へと高められます。

　人間力を昂揚させるリーダーシップが組織内で十全に発揮されるためには、リーダーは全人格的に卓越存在でなければなりません。卓越存在とは、人間誰しもが内部に抱えている矛盾をより高次の次元で自己調停し得ている者のことです。そのような卓越者リーダーのもとではじめて、成員各人の自由は最大限に発揮され、しかもそこに安定的な秩序が持続的に実現されていきます。

　こうして確立されたリーダーシップによって、組織内にわだかまっている形式化された制度機制は総点検し直されます。それによって、地位肩書や職務権限で固められた管理・統制・指示・命令の体系としての強権的組織は、人間力の自由な活動を促進する相互学習・相互理解・相互支援・相互信頼の民主的な場へと作り替えられます。いま求められているのは強力なリーダーシップに率いられたそのような人間力共同体です。

Question 6
「組織の病理」は、同時に「時代の病理」なのではないでしょうか？

Answer

　確かにいま世界は閉塞状態にあります。地球環境問題、資源エネルギー問題、食糧危機、難民、民族紛争、テロ、等々の難問に人類は直面しています。このような地球規模の課題はしばらく措くとしましても、わが国には固有の差し迫った難問があります。少子高齢化社会への対応、男女共同参画社会、行財政改革、規制緩和、地方分権、教育改革など待ったなしです。

　これらの諸問題にどう立ち向かうか、この閉塞状態をどう打破するかは今日的政治課題でありますが、それはわれわれ一人ひとりがこの社会に生き甲斐、働き甲斐、使命感、ひいては、生きる悦びをどう取り戻すかにも通じています。

　根本的解決はおそらく次代を担う若者に期待するほかないのかもしれませんが、その若者たちもまた現にさまざまな時代の病理に苦しんでいます。

　たとえば、一つは、無効力感です。すべてがつまらなく思えて他者と協働して何かをやり遂げようという気になれず、また何らかの貢献をしているという実感も持てず、したがって自己研鑽の意欲も湧かない、つまり無気力で何事にも積極的な関心を持ち得ない状態です。アパシーやアノミー、あるいはモラトリアムなどがその症状です。

二つは、拠るべき基盤を失ってただ浮遊しているだけのような孤立感です。これは社会自体に統合感が失われていることの結果でもあります。自分のなかに確たる行動規範が持てない、したがって責任ある実践行動も社会的貢献もなし得る結果として社会に積極的に関わっていけなくなっている状態です。場合によってはその反動として反社会的な行動に走ることにもなります。

　三つは、自己疎外感です。組織のなかで有用な機能環の役割を果たすことができず、あるいは社会のなかであるべき生活世界の場を構築することもできず、そのため全人格的な適応不全に陥っている状態です。マイホーム主義や、あるいは猛烈社員はこの疎外から逃れるための補償行動と言ってもよいでしょう。

　＜メモ＞　孤独感と孤立感

　人間は関係的自立存在である。もともと孤立しては存在し得ない。しかし、中には、関係性を断たれ（見失って）、孤立感にさいなまれている人間も多い。孤立者は、個性を喪失し、責任感を失い、やがて単に浮遊する大衆へと頽落する。

　一方、人間は自立性存在である。自立者はもともと孤独である。その孤独に耐えて、関係性の網の目の中で、模索しつつ自己のあり様を紡ぎ出しているのが自立者である。

　孤独と孤立は違う。孤独者は組織の中にあって非体制派的な立場に自らを置くことがあるとしても、操り人形のようには孤立してはいない。むしろ、関係性を自立的に生き、自立性を核にして自分の周りに関係性を編集していくことで、自らを体制の中枢へと駆り立てていく。

Question 7
どこかで踏み止まって
これらの病理状態から抜け出せない限り、
その症状は無限後退的に悪化し、
人間の精神的・情緒的レベルは
ますます切り下げられていき、
ついには自閉的抑鬱に
追い込まれていきますね。

Answer

　鬱病やひきこもりは多くここに胚胎します。では、このような時代の病理から脱出するにはどうすればよいかが次に問われることになりますが、それには一般的な解はありません。個々の置かれた状態に応じた個別の処方があるのみです。

　しかし、共通して言えることがあります。それは、けっして教育や指導だけではだめ、特に叱咤激励ではなおだめで、大事なのは、自分を流れの外に置いてそこから手を差し伸べるのではなく、自分が一緒になってその流れに沿って泳いでいくことです。流れに乗ってどう泳ぐか、どの方向へ泳ぐかを共同して見つけていくことです。要するに「寄り添う」ことです。そこに求められるのは人間心理の深層へと測鉛を降ろすことのできる人間学です。そして、この人間学の根底には人間愛、大悲の慈心がなければなりません。

　組織の病理からの回復も同じです。手法や技法も大事ですが、その根底には深い人間理解がなくてはなりません。

第八回
リーダーシップの機能

　組織においてリーダーシップの発揮が求められる局面はいくつもあるが、ここでは、経営管理、管理会計、リレーションシップ・マネジメント、内部監査、業務管理、人事管理の六つの局面に絞って検討する。「経営管理」は企業の中核価値を組織の末端にまで徹底させることであり（ストレンジ・アトラクター）、「管理会計」は組織が自律的に自己調整できるように経営全体をシステム化することであり（オートポイエーシス）、「リレーションシップ・マネジメント」は組織メンバーの人間力を協調的・効果的に動員することであり（シナジェティクス）、「内部監査」は組織規範を組織の隅々にまで浸透させることであり（ヒステリシス）、「業務管理」は組織の意思決定において過たないことであり（セレクター）、「人事管理」は組織運営に不協和音を響かせないように人心を平穏安寧に保つことである（ホメオスタシス）。いずれも、リーダーの仕事であり、リーダーの評価はこれら六局面においてどれほど組織貢献をなし得たかでなされる。それを十全にやり遂げ得るリーダーが〈本講〉で言う卓越者リーダーである。

Question 1
リーダーシップの機能を
経営の六局面から解説してもらいましたが、
その点についてもういちど要約してくれますか。
そのなかでも特に大事なポイントは
何でしょうか?

Answer

　一言で言って、根本は人心掌握力でしょう。つまり、メンバーから（社会一般からも含めて）の信頼と理解を獲得する力です。それぞれ〈本講〉で言う、シナジェティクスとホメオスタシスに関わります。信頼があってはじめてメンバーの人間力をシナジェティック（同期的）に共振させることができますし、理解があってはじめて弾力性と可塑性に富んだ人間集団をホメオスタティック（自己調律的）に組成することができます。

　その両者が融合されたとき、組織には「やる気」が充満します。その「やる気」のエネルギーを組織価値・目標に向かって束ねることがリーダーの具体的な仕事になります。

　こうして人間力エネルギーを束ねる際に大事なポイントとなるのが、組織文化・伝統を踏まえつつ、かつそれをいっそう賦活する方向でみなをリードすること（これがすなわちヒステリシスです）、および、何から手をつけるか、何を優先するかの選択を誤らないことです（これがすなわちセレクターです）。

Question 2
リーダーシップの根底には相互信頼と相互理解がなくてはならないことはかねて強調されていますが、その点をもう少し補足してください。

Answer

　知識・情報が組織の上層部・中枢部に厚く、組織の下層部・周縁部に薄く備給されているような状態なら、上からの統制強化によって組織効率を高めることができます。しかし現在のように、下層部・周縁部ほど生(なま)のかつ良質の知識・情報をより多くもつようになった時代では、下部あるいは周縁がもつ豊富で良質な知識・情報をどう選別し、それを組織全体でどう共有し共活用するかの仕組み作りが大事になります。インターネットをはじめとする情報の広域分散処理システムがそれを支え、またそれをいっそう促進します。

　しかし一方、知識・情報は放っておけばますます過剰・冗長になっていくため、それを避けるべく一定の方針・目的・用途の下でそれは縮約されねばなりません。制度化・システム化・マニュアル化はそのための手法です。しかし、それらはいったんできあがると独り歩きを始め、それに随うこと自体が価値規範となり、そこからの逸脱は統制されるようになります。いわば制度・システム・マニュアル自体が一種の権力装置となるのです。そうなれば組織は硬直化し、組織犯罪や組織不祥事がそこに胚胎することにもなります。

　硬直化は周縁部から起こります。それを避けるには周縁部はつねに溶融的活性状態に保たれている必要があります。制度・システム・マニュ

アルは現場の生の行為・体験によってつねに揺るがされねばならぬということです。軌道からの自由度としての周縁部の逸脱は秩序を破壊しない範囲で、ある程度までは許容されるべきなのです。揺らぎや逸脱はいつの時代でも組織活性化の源泉です。規制ばかり強めていては組織の活性は削がれます。人間は誰しもつねに場に生起する出来事・経験の主体的当事者でありたいと願っています。ほかからの指図やチェックを受けることなく自らの裁量と責任で自分らしく行動したいと思っています。そこに組織活性化の源泉を求めない手はありません。

　しかし一方で、組織は秩序規範の体系たることを免れないのも事実です。この一方での自己裁量・自己責任と、他方での規範機能・チェック機構、この両者の間にはつねに軋轢があります。両者の中間で成員メンバーの自発的参画・協働を調達することができるのは唯一、自由闊達な組織文化だけです。組織が危機的状況にあるとき、または実際の危機に遭遇したときは組織成員の行為・体験、出来事・経験の複雑性を縮減するため指揮命令系統を一元化して組織行動に一貫性・統一性・規範性を与えることも必要ですが、それはむしろ特異なケースであって、それを普遍化して「人は命令しなければ動かない」と決めつけるのはむしろ権力サイドの思い上がりと言うべきです。その根底には人間不信があります。少なくとも信頼の動揺があります。あるいは信頼して人に任せる勇気の欠如があります。通常の局面では指示命令の発動はそれほど必要ありません。むしろ硬直化した一貫性・統一性に拘っていますと、いつしか状況適応に後れをとって、後で手痛い失敗を招くことにもなりかねません。何よりも大事なのは、相互信頼・相互理解に根ざした、メンバーの自由な活動を最大限に保証する組織規範の構築です。自由な創発的揺らぎを賦活し増幅させるにはそれは欠かせません。これはあらゆる組織に共通する普遍原則です。

Question 3
リーダーの働きを評価するには何がポイントでしょうか?

Answer

信頼や理解の深さを客観的に評価することは不可能です。その結果で評価するしかありません。貢献度評価です。

貢献度評価が単なる結果主義・成果主義と違うのは、後者が結果・成果だけを問うのに対して、そのプロセスを重視するところにあります。結果・成果は必ずしも公正さを保証しません。初期条件の差もあれば、環境条件の違いもあります。それらの差異をすべて織り込んだうえで結果・成果を公平・適正に評価することは事実上不可能です。

プロセス評価に際して大事な点は、そのプロセス上の何をもって貢献と見なすかです。努力の程度といってもそれを計量的に測定するのは難しく、ましてやその相対的比較などは不可能事です。結局は、具体的に何をどう変えたか、困難な事態に対してどう対処したか、与えられたミッションに具体的にどう応えたかなど、目標との関係でそのプロセスを具体的に問うしかありません。そこでのポイントは目標管理にあります。＜P—D—C—A＞サイクルをどう定式化するかです。

ここでの＜P—D—C—A＞サイクルは、＜本講＞でも述べたように、プロセス重視のP＝Project、D＝Drive、C＝Collaboration、A＝Assessmentの＜P—D—C—A＞サイクルです。

Question 4
貢献度評価に当たっての留意事項を簡単にまとめてください。

Answer

以下の4点にまとめられると思います。

①貢献度評価に当たっては、評価者と被評価者の間で課題意識が摺り合っていなければなりません。それには評価者が被評価者の仕事と、それをこなす彼（彼女）の力量に精通していることが求められます。完全に精通することは不可能ですから、問題は理解の深浅の程度です。

②人は自分一人で仕事をするわけではありません。内外の協力者をどれだけ獲得できたか、必要な資源・情報の獲得のために、持てるネットワークをどう駆使したかも重要な指標です。したがってまた、他者に対してどれだけ協力したかも重要な評価事項となります。そのことが評価の対象となるということは、組織を内外に開くことが組織の重要目標であることの強力なメッセージとなります。

③貢献度評価システムの最大の利点は、評価を通して被評価者が成長するだけでなく、評価者自身が卓越者リーダーとして育つ点にあります。要するに、貢献度評価システムがほかの評価制度と決定的に異なるのは、その人材育成効果にあると言えます。

④＜P―D―C―A＞サイクルは生命論的サイクルですが、生命論パラダイムのユニークなところを一言でいえば、「揺らぎを通しての自己組織化」にあります。被評価者が組織活性化のうえでどの程度「揺らぎ」の摂動因子たり得たか、組織内に創発するエネルギーを組織目標に向けて結束させるうえでいかほど「自己組織化」の統摂因子たり得たかが貢献度評価の生命論的見地からの重要な評価ポイントとなります。

具体的成果よりも、それを導く駆動力、働き方、熱意に焦点が当てられるということです。

＜メモ＞　貢献度評価の手順

貢献度評価の手順を略記すれば、次のようなステップとなる。
①組織（あるいは担当部署）が抱える課題を列記する
②その中で自分が取り組むべき課題を優先順位をつけてピックアップする
③課題解決のタイムスケジュールを策定する
④そのために必要な経営資源（予算措置、他部門の協力の必要性など）を調達する
⑤定期的に進捗管理をする
⑥結果を自己評価する

以上、①～⑥の各ステップで上司（管理者）との対話を繰り返し、必要に応じて適宜修正を加える。

このように、貢献度評価は上司(管理者)との共同作業による組織改革運動なのである。

第九回
卓越者リーダー

リーダーは知的卓越者でなければならない。知的卓越者とは、人知の創発サイクルを自己の内部で不断に、反復的に、高度化・高次化している者のことである。人知の創発サイクルとは、＜行為・体験＞＜出来事・経験＞＜知識・情報＞＜メタ知識・情報＞の「知の構造」をスパイラルに回し続けることである。

Question 1
「知の構造」を
もう少し詳しく説明してください。

Answer

　知が働く局面には、暗黙知・身体知・言語知・メタ言語知の四つがあります。簡略化して示せば次のようになります。これまで説明に際して用いてきたいろいろの四象限図表もこの考えに即したものです。

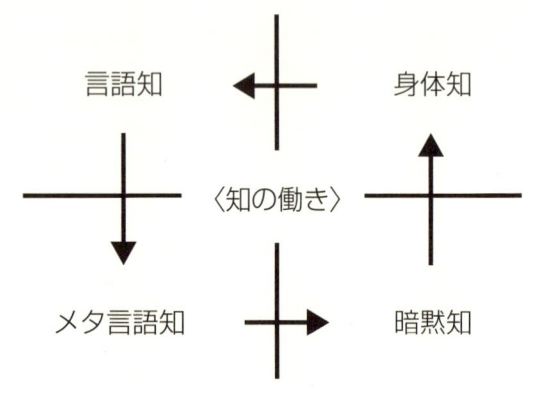

```
        言語知  ←─────┬─────  身体知
                     │
                     │↑
            ─────────┼─────────→
            〈知の働き〉
                     │
                   ↓ │
       メタ言語知 ─────┴─────→  暗黙知
```

　暗黙知は、身体振る舞いや言語表現によって表出化される以前の、いわば原初的（プリミティブ）な＜行為・体験＞の知であって、自分でもぼんやりとしか覚知できておらず、したがって他者との間ではまだ共有できていない知です。
　この暗黙知は自身の身体振る舞いを通して他者にも伝えることの

できる知、すなわち＜出来事・経験＞の知へと身体知化されます。知はここではじめて他者と共理解可能な知となります。

身体知は次いで言語表現へと移されます。こうして言語知化されることで知は不特定多数の他者一般との間で反復して再利用可能な＜知識・情報＞の知となります。

言語知はやがて記号化されて記号計算・論理計算が可能なメタ言語知を創発させます。これによって知は＜メタ知識・情報＞として広く応用可能な普遍性を獲得できることになります。

しかしメタ言語知はそのままでは形骸化しやがて硬直化しますので、ふたたび暗黙知によって揺るがされる必要があります。

そこからまたいちだん高次の＜行為・体験＞の知が働きはじめます。こうして知はスパイラルに発展していきます。

＜メモ＞　暗黙知とは

マイケル・ポランニー『暗黙知の次元』によれば、暗黙知には、たとえば、「スキーなどの運動機能、高度の認知などのパターン認識から、数学の証明を直観的に洞察することなどさまざまなものがある。これらのものは、言語化された知識と違って、直観、志向性、身体性や生命などと結びついたもの」（岩波書店『哲学・思想事典』）とされる。

要するに、カンとかコツ、ヒラメキ、ケハイ、キヅキといった言語化以前の身体レベルで捉えられる「知」のことである。

"やってみせ　言って聞かせて　させてみて　褒めてやらねば人は動かじ"（山本五十六）は、表面上は身体知と言語知の間の往復であるが、最終的に人を動かす原動力は暗黙知の働きに俟つしかないことを詠っている。

Question 2
暗黙知・身体知・言語知・メタ言語知のこの四軸座標系は、人間の知活動すべて適用可能ですね。

Answer

　人間はピュシス（自然ないし自由）の世界とノモス（人為ないし秩序）の世界の間（X軸上）で生きています。同時に理性的世界と感性的世界の間（Y軸上）で生きています。これらの世界はもともと互いに相補的でありつつ矛盾対立する関係にあります。その間を何とか調停しようとする営為（人間の営みはすべてその調停努力です）を通して、人はその座標軸原点でさまざまに「知を創発」させながら生きているのです。

　こうして、自然（ピュシス）と人為（ノモス）、および理性と感性の四軸で構成される四象限座標系において生成される知が暗黙知・身体知・言語知・メタ言語知です。これを再度図解すれば右上図のようになります。

　Y軸のプラス方向には理性世界が、マイナス方向には感性世界が配され、X軸のプラス方向には自然（ピュシス）が、マイナス方向には人為（ノモス）が配されます。そして、この座標系の各象限には図のように、情動的感性世界（暗黙知）、直覚的理性世界（身体知）、論理的理性世界（言語知）、審美的感性世界（メタ言語知）が、それぞれ配されます。

　すなわち、感性は情動的・審美的感性判断に、理性は直覚的・論理的理性判断に、ピュシスは情動的・直覚的判断に、ノモスは論理

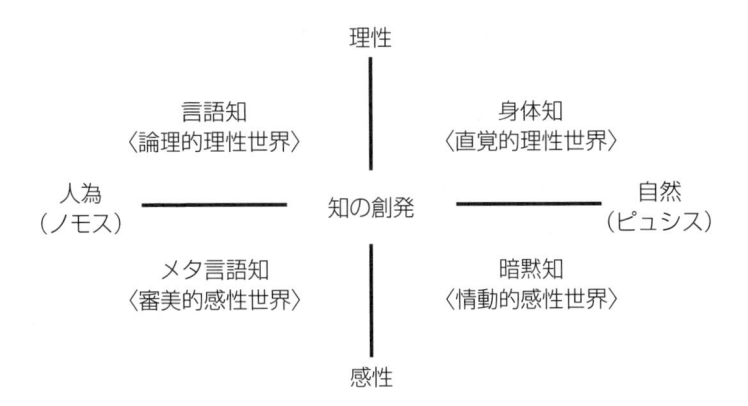

```
                    理性
                     │
   言語知              │      身体知
〈論理的理性世界〉      │   〈直覚的理性世界〉
                     │
人為 ─────────── 知の創発 ─────────── 自然
（ノモス）            │              （ピュシス）
                     │
  メタ言語知           │      暗黙知
〈審美的感性世界〉      │   〈情動的感性世界〉
                     │
                    感性
```

的・審美的判断にそれぞれ立脚します。

　本図で示した各象限の知の特徴を、知の体現者の観点から整理し直せばD・N・スターン（アメリカの精神学者）に倣って次のように表記することができます。

```
                          │
  言葉の使用による          │    主観的体験の
  客観的自己理解の知        │    間主観的共有の知
                          │
──────────────────┼──────────────────
                          │
  自分史を語り              │    体験を無様式に
  自己を編集する知          │    知覚する知
                          │
```

　暗黙知は様式化される以前の体験知であり、身体知は主観的体験が他者との間で間主観的に共有されるところに生まれる経験知であり、言語知は言葉の使用による不特定多数の他者とのコミュニケー

ションを通して客観的に自己を理解することができる知であり、メタ言語知はそのようにして獲得した自己理解を通して多様に自己を語り自己を編集する（いかようにも役割演技ができる）知です。

また、幼児の知的発達過程という側面に焦点化すれば次のようにも表示できます。

思考する（学習する）知 （〈知識・情熱〉の処理）	覚える（教え込む）知 （〈出来事・経験〉の習得）
知識を活用する（学習する）知 （〈メタ知識・情熱〉の活用）	模倣する（獲得させる）知 （〈行為・体験〉の蓄積）

　行為・体験が前意識的に（模倣によって獲得）蓄積されて暗黙知となり、出来事・経験が自覚的に蓄積される（覚え、教えられる）なかで身体知が育ち、知識・情報を処理する過程で言葉を習得して（思考し、学習することが可能な）言語知が育ち、そこからメタ言語知（知識・情報を活用し、その使用に習熟する知識・情報）すなわちメタ知識・情報が育つ、といった知の発達プロセスです。

　また、ピアジェの知的発達説もこの図式に倣えば右上図のように表示することができます。

　人は、この世を自分なりに理解するために、まず認識の枠組み＝シエマ（基底の心的構造）を形成します。次いで、そのシエマを現実状況に当てはめ、両者を同化させようと試みます。両者はぴった

シエマの修正 (調節)	シエマの状況へのあてはめ (同化)
シエマの安定化 (技術化)	シエマの形成 (基底の心的構造)

りとまではいかなくても何とか重なるよう調節され、必要ならシエマは修正されます。うまく調節されれば、シエマは安定化し、ほかのケースにも適用可能なように技術化されます。

　あるいは、システムに関するパーソンズのAGIL図式もこれに倣って次のように表示できます。

(I) 行為システム	(G) 有機体システム
(L) 究極目的的システム	(A) 物理・化学的システム

(A) …adaptation（適応）・・・物理・化学的システム

まずは与件的状況への適応性が求められます。システムの基底的構成原理は物理化学システムです。システムにとってそこがまずは状況適応的に十全に機能可能であることが必要です。暗黙知の働きに相当します。

(G) …goal-attainment（目標達成）・・・有機体システム

物理化学システムが十全に機能することで、その上に有機体的なシステムが形成されます。有機体的システムは自然発生的に生まれるわけではありません。そこには形態形成への誘因となる因子（目標）がなくてはなりません。誘因達成（目標達成）へ向けての因子の作動があってはじめて形態形成プロセスは順次に進行します。身体知の働きに相当します。

(I) …integration（統合）・・・行為システム

有機体システムは統合的行為システムへと自らを自己編集します。そのように統合的行為システムへとまとめられるにはそこに一定のアルゴリズム（文法）がなければなりません。言語知の働きに相当します。

(L) …latent-pattern maintenance/tension management（構造維持）・・・究極目的的システム

統合的行為システムが恒常的安定システムであるためには、その背後に構造維持機能（危機管理的機能）を潜在させていなければなりません。そういうフィードバック機能を備えていないシステムは状況変化に適応できません。メタ言語知の働きに相当します。

Question 3
もう少し卑近な例で説明してくれませんか。

Answer

たとえば果樹の成育・栽培もこの四象限で示すことができます。根は暗黙知、幹は身体知、枝葉は言語知と見なせます。枝葉の剪定がなされないとうまく花は咲かず実はなりません。メタ言語知はその巧みに剪定された知のことです。メタ言語知は言語知の巧みな操作から生まれる花や果実です。

枝葉を繁らせる	幹を太らせる
枝葉を剪定して花・実をつけさせる	根を張らせる

たとえば、調理する場面を考えてみてください。あれこれと頭の中で考えながらも、まだ具体的にはどんな料理を作るかを決めていない状態で買い物に出かけます。並んだ素材を吟味しながらレシピを考えます。購入した素材で実際に調理を始めます。調理する過程でこれまでの知見や経験を活かして、さまざまな創意工夫を加えます。料理ができれば盛りつけして食卓に並べます。みなで賞味します。この一連のプロセスは、暗黙知・身体知・言語知・メタ言語知の総合的な働きです。図解すれば次のようになります。

③素材を吟味しながら レシピを考える （主として言語知）	②素材を購入するため 買い物に行く （主として身体知）
④創意工夫を加えて 調理する （主としてメタ言語知）	①どんな料理をつくるか 考える（主として暗黙知）

芸術活動についても同様の考えができます。

言葉による表現	運動による表現
感情の伝達 〈理解の共同体験〉	感情の喚気

　トルストイは言います。「自分が経験した感情を、自分自身のなかに呼びおこすこと、自分のなかに呼び起こしたならば、次に運動、線、色、音によって、あるいは言葉による表現形式によって、他人もそれと同じ感情を経験するように、その感情を伝達すること。これが芸術活動である」と（『芸術の意味』ハーバート・リード：滝口修造訳、みすず書房、p123〜124参照。リードは＜感情の伝達＞を＜理解の伝達＞に置きかえるべきと言いますが、本図では＜理解の共同体験＞と付記しておきました）。

Question 4
芸術がそうなら、宗教のような精神世界についても同じような理解ができますか?

Answer

仏教の方面からこれを見るなら、真言の四種法身がこの四象限で理解できます。

変化法身	受容法身
等流法身	自性法身

自性法身は、「真理そのもの、すなわち究極・絶対の総合統一的真理」です。つまり、暗黙知は暗黙次元の阿頼耶識と通底し合っています。受容法身は、「自らの内に証明され会得された法をほかに受容活用させる他受容と、如来自身がさとりの境地を味わい楽しむ自受法楽の身、すなわち自受容との両面を併せ持つ」とされます。つまり、自己と他者を媒介する身体知です。変化法身は、「衆生の経験世界に対応してさまざまな形で認識され実践される」ものとされます。つまり、出来事・経験をさまざまな形で知識・情報化して認識・実践に活用する言語知です。等流法身は、「九界随類身ともいい、仏法をきく相手と同じ姿になってあらわれる法身で、すべての存在に遍満している」とされます。つまり、すべてを同じ姿で万遍なく捉えようとするメタ言語知です(「　」内は『空海　即身成仏義』金岡秀友、太陽出版、p88～89)。

第九回　卓越者リーダー

Question 5
知の世界をこのように四象限座標系で整序するのは普遍的な知の技法だと言ってよさそうですね。

Answer

ギブソンの『生態学的知覚システム論』＜東京大学出版会＞によれば、人間活動の一般的様態（身体感覚的活動空間での人間の振る舞い）は、①自らを状況に定位づける、②自らの立ち位置を確認するために情報を獲得する、③その情報を言語化して他者とコミュニケートする、④他者の反応を見て適宜に立ち位置や情報内容を修正する、という四ステップに整序できるとされます。これも四象限座標系で示せます。

①定位づけるとは、自分の立ち位置、姿勢を微妙に調整して、周りの状況に正しく対処することです。そうやって人も組織も自らを定立します。知としては暗黙知に相当します。シナジェティクス（協働組成的関係性の構築）が、これに該当します。

②情報を獲得するとは、知覚システムを駆使して周りの状況を正しく把握することです。雑多な感覚情報から不変項（意味のある情報）を見つけ出すのがその目的です。知としては身体知に相当します。ヒステリシス（経路形成的関係性の構築）は、これによって可能になります。

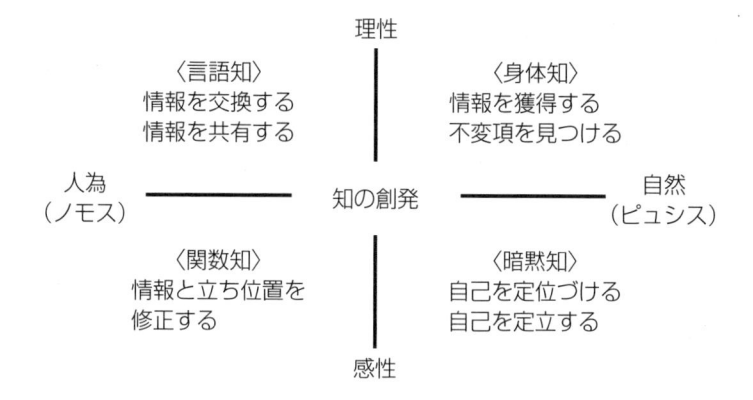

```
                    理性
                     |
   〈言語知〉          |    〈身体知〉
   情報を交換する      |    情報を獲得する
   情報を共有する      |    不変項を見つける
                     |
  人為 ──────────── 知の創発 ──────────── 自然
 (ノモス)             |                  (ピュシス)
                     |
   〈関数知〉          |    〈暗黙知〉
   情報と立ち位置を    |    自己を定位づける
   修正する           |    自己を定立する
                     |
                    感性
```

③情報を交換するとは、獲得した情報（不変項）をコミュニケーションによって周辺器官に知らしめ、それを互いに共有することです。知では言語知に相当します。セレクター（状況選択的自立性）は、これによって進路選択を過たずにすみます。

④立ち位置を修正するとは、情報の発生源に遡って、先入見を排して、状況を再点検しながら、改めるべき点を修正し、自己の定位・定立をより確かなものにすることです。知で言えばメタ言語知に相当します。ホメオスタシス（恒常性保持的自立性）はそれによって可能になります。

　人も組織もこうやって状況にアフォードされつつ、状況創出へ向けてアブダクトしています。

Question 6
最も難しいのは、
最初の一歩である「行為・体験の知」を
どうやって獲得するかだろうと思いますが、
その点について説明してください。

Answer

　人間はみな何らかの形で仕事をして生きています。仕事とは課題を発見し、それを独創的に解決し、それによって一定の成果を生み出していく、そのような一連の「知の働き」です。

　しかし、人間の課題発見能力にはそもそも限界があります。人間は自分で解決可能な課題しか見つけられないからです。能力を超える課題は気づかれないまま見過ごされます。本当はその見過ごされた課題のなかにこそ最も緊急を要する重要課題が蔵されているかもしれないのにです。

　課題解決能力についても同じような問題があります。自分の経験による手慣れた手続き・手法に頼るだけで、なかなか独創的な新手法・新機軸は思いつけません。結局はルーティン的な解決でお茶を濁すのが普通です。

　「一定の成果」を生み出すのも簡単ではありません。遭遇した課題を一つずつそつなく片づけるのは評価されますが、課題解決を通して何をどう変えたかというような革新的成果は周りからなかなか見えにくく、したがって認められません。また、そのような際だった成果が期待されることも通常はありません。課題解決とは、もともと自らの課題解決能力の向上を通して、自分が属する場の性能や

組織体制をどう変革発展させるかにこそあるにも拘わらずです。

　このように、普通の人間は自分の限られた知的能力の範囲内でしか仕事ができないように宿命づけられています。ごく限られた卓越者だけが、そのルーティン化した問題構制自体を乗り越えることができます。卓越者にとっては、課題発見は課題創出であり、課題解決は体制革新であり、成果は場の課題解決能力の向上です。課題解決能力が向上すれば、いままで見過ごされた課題も新たに見えてきますし、課題解決のレベルもますます高度化します。

　こうして場の「知の働き」そのものがスパイラルに発展向上していけば組織の性能や構成もさらにいっそう改善されていきます。この＜課題の発見―課題の解決―組織体制の刷新―課題の創出＞の一連のプロセスの背後には、＜行為・体験の知―出来事・経験の知―知識・情報の知―メタ知識・情報の知＞という「知の創発プロセス」が働いています。そして、そのプロセスの駆動原点にあるのが「行為・体験の知」です。しかし、それはそれ単独で獲得できるものではありません。知の全創発プロセスをスパイラルに回していく中で、認知フィードバック的に獲得されるのが「行為・体験の知」です。このように「知の創発プロセス」は循環しています。

Question 7
それは、われわれ凡庸人にはとても難しいことのように思えますが。そこに卓越者リーダーの出番があるということでしょうか。凡庸人と卓越者との差はどこから生まれるのでしょうか？

Answer

人間の知力にはもともとそれほど大きな差異はありません。結局のところ、差異が生まれるのは、知力によってではなく人間力によってです。

人間力とは一言でいって、自己と他者（自己が属する組織、コミュニティ、社会などを含む）との間を調停する全人格的な力能のことです。人格的力能とは、人間が自分の内部に抱え込まざるを得ない諸々の矛盾や葛藤をよりよく自己調停し得る力のことです。

自己内矛盾・葛藤の最たるものは、吾一人にしてなお生きねばならぬ個人人格と、社会・組織の一員として生きねばならぬ組織人格の間のそれです。人間はそのどちらかだけで生きていくわけにはいきません。この矛盾する二つの人格の不二統合によって人は生きます。

西田幾多郎の言う「絶対矛盾的自己同一」、鈴木大拙の言う「即非の論理」もその不二統合のことです。

卓越者とは、その不二統合をよりよくなし得る者のことです。

課題発見・解決・成果・課題創出のループは誰に対しても開かれています。われわれ凡庸人も無意識的にであってもこのループを回しながら生きています。大事なのはそれをどれほど意識的に行っているかです。このループをつねに新たな発展可能性へと開いているのが卓越者リーダーです。

Question 8
どうすれば その境位に達することができるでしょうか？

Answer

一言で言って、それは「実践」、「有言実行」、「知行合一」、要するに「行為・体験」による事態開鑿しかありません。われわれ凡人にできるのは、先人たちの思索の跡を尋ね、その踏み行ったところを尋ねることだけです。それへの無限接近の努力を怠らない者のことを「卓越者」と呼びます。

すでに何度も耳にタコができるほど言っていますが、組織人としての役割を担う機能的「個」の立場と、社会人としての人格的「個人」の立場の間の矛盾葛藤を何とか調停しながら人は生きています。その調停努力は、組織規範の体現主体である職業人としての日常的活動と、社会規範に則って生きる一社会人としての日常的営為との摺り合わせの努力を伴います。また、機能的「個」としての立場と「組織規範の体現主体」としての立場の間にも調停を必要とするいくつもの葛藤がありますし、人格的「個人」としての生き方と「社会規範に則って生きる一社会人」としての生き方の間にも調停されなければなならない矛盾が多々あります。これら幾重にも重なり合う諸々の矛盾葛藤をさまざまに調停しながら生きているなかで卓越者が育ちます。そこには特段の処方箋などありません。あるのは各人の日常的調停努力のみです。われわれすべてにとってそれは同じです。ということは、われわれみなに卓越者となる条件は平等に開かれているということです。

第十回
卓越性の位階秩序

リーダーが具えるべき資質には機能面および意識面の両面での「卓越性」がある。問題はそれを兼ね備えた「卓越者リーダー」が組織において十全にその力量を発揮できるには、組織にどういう仕掛けが要るかである。答えは、組織の中枢、組織の上層に真の「卓越者」が配されるようにすることである。すなわち、組織体制を「卓越性の位階秩序」によってシンボル的に統摂し、「卓越者の階等序列」によって具体的にそれを整序することである。それさえできれば、組織は「卓越者」によって構成された「卓越した組織」になる。

Question 1
シンボル体系としての「卓越性の位階秩序」と具体的な資格格付けなどの「卓越者の階等序列」とはどう違うのか、そして、その二つは実際にどう結びつくのかを説明してください。

Answer

　ある共通目標に向かって人間諸活動が具体的に糾合されるためには、そこに統一的な力の場が形成されねばなりません。場にはもともと外挿される超越的規範はありません。内部で自生する自律規範あるのみです。それは何か。それには場の求心力として場が共有する精神的中核価値しか考えられません。

　企業であれば、社是・社訓・社歌・社旗・社章などのシンボル体系、あるいは創業物語などのストーリーによってそれは表象されます。しかし、それは表象でしかありません。

　精神的中核価値として最大のシンボル性をもち得るのは何を措いても「卓越性の位階秩序」です。それが組織の中核価値として定立されたとき、メンバーはそれへ向けて自らの創発的意欲(エマージェンス)を糾合させるべく最大限の努力をします(コヒーレンス)。それはやがてヴィジュアル化されたシンボル体系としての「卓越者の階等序列」へと具現化されます。

　こうして卓越者によって目に見える形で形成される「卓越者の階等序列」にしてはじめて、メンバー全員がそれへと自らを無条件に差し出すことのできる具体的な中核価値目標となることができま

す。

　具体的な「卓越者の階等序列」(資格制度や職階制度、あるいは役職制度などで序列化された階等配置)は、理念的なあるべき「卓越性の位階秩序」とそのまま重なるわけではありません。むしろそこには齟齬ないしズレがあるのは当然です。企業における人事管理とはその齟齬やズレを極少化しようとする努力の体系だと言うこともできます。

　この両者が公平・公正な評価によって可能な限りうまくマッチングされている組織ならメンバーは安心して意欲をもって働くことができます。組織がそのマッチングに失敗するとメンバーの意欲は減退し、組織秩序はやがて衰退し崩壊します。

＜メモ＞　「卓越性の位階秩序」と「卓越者の階等序列」

　両者の関係は、理想型とその表現型＝現実態との関係である。人間はみな、こうありたいと思う自分と、こうでしかあり得ない自分とのギャップの間で生きているが、それと同じ構図である。

　「卓越性の位階秩序」はあくまでも志向対象の彼方に理念的に思い描かれるだけであって、現実に存在するのはその表現型である実際の「卓越者の階等序列」の方である。両者の間に齟齬があるのは当たり前であって、何とかしてそのギャップを埋めようと努力する中で、組織の活性が保たれ、組織は進化していく。人間個人の場合と同じである。

　企業でそのマッチングの役割を担うのが「人事部」である。人事部の仕事のうち、いちばん大事なのがそれである。

Question 2
メンバーは
その「卓越者の階等序列」のなかを、
より中枢へ向けて、あるいは、
より高位ランクを目指して、
チャレンジするわけですね。

Answer

　「卓越者」として認定されたからといって、その階序のなかを、エスカレーターのように順次自動的にプロモートされていくというような線形的・内閉的な仕組みはよくありません。

　「卓越者の階等序列」は具体的には、＜資格制度＞＜職階制度＞＜号給序列制度＞などとして適宜ヴィジュアル化されますが、各メンバーがその階序のどこに位置づけられるかはつねに不確定であるのが本来です。だから、みながつねに新たな気持ちでチャレンジし続けることができるのです。

　つまり、制度・システムとしてはメンバー全員に公平に開かれていて、各メンバーの日々の活動を通して、その階序自体が非線形的に不断に再編成されていき、その再編成プロセスのなかで、その志向性の彼方に、シンボルとして「卓越性の位階秩序」がおのずからインヴィジュアルに生成されていく、ということです。

　そうであってこそ、誰もがいつでも「卓越性」へ向けて何度でも繰り返し挑戦できるのです。問題はヴィジュアル化された「卓越者の階等序列」（資格や役職の割り振り）が成員に納得をもって受け入れられているかどうかです。

Question 3
そうなりますと、卓越者の階序に関する成員の見方、受け取り方にも意識変化が起こりますね。

Answer

　そうです。卓越者たらんとして励む日常の現場こそが、自らの卓越性を証明できる最前線である（であらねばならない）という意識ですね。

　つれて、卓越者ミドルの意識にも変化が起こります。組織全体が自己組織的に卓越者の階等集団へと練成されていくよう場の状況を設えること、自分がそのためのよき連接器となること、自分こそが「卓越性の位階秩序」を「卓越者の階等序列」へと斉合的に結びつける役割を担い、保証する責任主体であらねばならぬこと、という意識変化です。

　要は、卓越者ミドルがロール・モデルとなることによって、それに続く卓越者（その候補者）たちが自らをより上位・中枢の卓越性へとプロモートさせるのです。そうなれば、組織全体が「卓越者の階等序列」≈「卓越性の位階秩序」へとおのずと秩序づけられます。

　こうしてシンボル体系としての「卓越性の位階秩序」が組織に定着します。そういう意味では、「卓越性」による位階秩序化、「卓越者」の階等序列化は、組織の意識変革をもたらすための仕組みと言うこともできます。

Question 4
シンボル体系としての「卓越性の位階秩序」のあり様についてもう少し説明してください。

Answer

シンボル体系としての「卓越性の位階秩序」は開かれたシステムでなければなりません。そのためには、それが強権的イデオロギー装置とならぬように用心することが大事です。それには、そのシステム自体がつねに自らのうちに揺らぎを内包している必要があります。言いかえれば、「卓越性の位階秩序」はつねに揺らぐシンボル体系であってはじめて万人の挑戦シンボルたり得るのです。ではシンボル体系としての「卓越性の位階秩序」が具えるべき「揺らぎ」の特性はどんなものか、それは次のように要約できます。

差異性…「卓越性」とは差異性のことです。差異性は既往の秩序をつねに新たな位相へとずらしていく、可動性がその特徴です。

離散性…「卓越性」はけっして群れることがありません。卓越性は離散性がその特徴です。卓越性は自らが形成した位階秩序を不断に自ら解離・離散させることで、その鮮度を保ちます。

予測不能性…「卓越性」には予め設定された固定的な判定基準はなく、したがってそれによってどのような位階秩序が形成されるかはつねに予測不能です。

仮構性…「卓越性の位階秩序」それ自体が一つの仮構であることをみなが承知しています。したがってそこには約束性、偶然性、模

倣性、陶酔性によって特徴づけられる一種の遊戯性があることとなります。

応答性…「卓越性の位階秩序」はすべての挑戦者に対してつねに開かれています。また、意欲さえあるならそれはすべてのメンバーに対してつねに再構築・再解釈・再修正に対して開かれています。

信頼性…「卓越性の位階秩序」を支えるのは唯一信頼性・納得性です。関係者すべてに均等に機会が与えられるという透明性がその基本です。

以上を裏返して言えば、「卓越性の位階秩序」はこれまで＜脱落させてきたもの・忘却されてきたもの・排除されてきたもの・周辺へ追いやられてきたもの・なおざりにされてきたもの・真面目に扱われてこなかったもの＞などの異質性・周縁性によってつねに揺るがされているところにその生命線があるということです。

これらの諸因によってつねに脱構築され続ける位階秩序であるならけっしてイデオロギー的強権力によって乗っ取られることはありません。

このように、場が「揺らぐ圏域」へと再編成されたとき場は一つのシンボル空間となります。場の運営はいわば芸術作品の制作のごときものとなります。また逆に、こうして形成される美的シンボルによって統べられた圏域に安らぐことではじめて人は、「美の審級」を自己の内部規範として確立し得た者となることができます。それがすなわち、内部矛盾を抱えながらも自らのうちでそれを揚棄した卓越者です。

Question 5
「卓越性の位階秩序」が美的シンボルとなり、メンバー各人がそれを自らの「美の審級」として希求するようになれば、組織はおのずから卓越者の集団になるということですね。「美的シンボル」がそこではキーワードですが、その点について補足してください。

Answer

人は倫理的座標系の原点近傍で緊張に充ちたバランスを生きねばなりません。しかしそれは一つのイデオロギー的立場を強制するものであってはなりません。

仮構された座標系を持ち込んでその周りにメンバーを秩序づけようとするのはコンフォルミスム（同調強制主義）的・集産主義的・権力主義的イデオロギーにほかなりません。むしろ「不確実性を修正しようとするのではなくて、基本的な規則として不確実性を流通させる」（ボードリヤール『不可能な交換』）ことが求められます。

そこでは座標系それ自体がそのためのシンボルの役割を果たします。方向感が見失われ、人があたかも散乱し浮遊する微粒子のごとき存在と化してしまっている現代社会では、座標系原点に周りのエネルギーを吸引するためのシンボルがなくてはなりません。しかもそのシンボルはつねに新しくされねばなりません。

シンボルは繰り返し使用されるとやがて習慣化し人々の行動を規範化することになり、単なるありふれた形象にしかすぎなくなりま

す。そうなればシンボルはその機能を果たさなくなるだけでなく、悪くすれば場を作意的に操作統制するためのイデオロギー装置でしかなくなります。

　そうならないようシンボルは不断により高次の次元へと昇華し、新しい意味・価値によって揺るがされ、あるいは充填され続ける必要があります。それが可能なのは、シンボルがわれわれにとって美的シンボルであるときのみです。美はつねに人間にとって求心的中心価値であり、憧憬であり悦びであり希望であるからです。

　美は、われわれにとって人類普遍の理想・精神の高み・超現世的価値・無限への憧憬などといった精神生活の最も高い次元を目指す内在的価値範疇です。それはわれわれが生得的に具えている美的調和のセンスに由来するものであって、外部から与えられる超越的価値規範ではありません。

　だから、美によって統べられた場にあっては、人はほかとの関係においてつねに＜あるべき瞬間に、あるべき場所で、あるべき位置取りをして、あるべく振る舞う＞という美的自己調律を行うことができるのです。そこでは美がみなを躾る普遍的文法となります。

Question 6
「卓越性の位階秩序」のシンボル作用について補足してください。

Answer

　場の成員はシンボルによって原初的生命力の根源に触れます。平素は日常性によって覆い隠されている無意識の領域へと導かれます。通常の体験を超える領域へと意識が拡張されます。決まりきった意味に新たな意味が充填されます。あるいは新たな意味連関に気づかされます。矛盾対立するものの間が媒介されます。人はそれによって想像力を自由に飛翔させ、新たな発見的・冒険的探索行動へと自らを駆り立てます。

　シンボルはときには心理的プロセスの展開に新たな刺激を与え、心にバランスをもたらすことで教育的な治療機能を果たすこともあります。それによって人に参加への欲求感情を呼び起こします。自分が孤立しているわけでも、進路を見失っているわけでもなく、全体に所属していることを覚らせます。

　こうしてシンボルはメンバーが場に同化できる強力な要因の一つとなります。逆にシンボルを欠いた場は死んだ場であって、そもそも場たり得ません。「卓越性の位階秩序」はまさにそのような場のシンボル機能を担います。

Question 7
シンボルはあくまでも希求され、目指されるものであって、シンボルの方から操作的に働きかけることはないということですね。

Answer

シンボルは具体的指図は一切しません。場のメンバーはただそれを見たり聞いたりするだけで想像的な企図、すなわち現実に対する変革への構想を掻き立てられ、精神生活面で新たな霊的活力を賦活されます。自由な構想・企て・行動あるいは精神的営為はこのシンボルのもとで一つに統合されます。こうして場は自ずと秩序づけられます。

シンボル作用に促されてわれわれは自分自身が拠って立つ根源的価値に目覚め、それへと自己同一化を図ろうとします。この根源的価値への同一化願望は同時に他者のそれへの顧慮をも呼び起こします。かくしてシンボルは個々人の心のなかにある共通の価値意識を刺激し、それは共鳴し合って一つの階調ある響きとなります。こうして場のシンボル機能は一つの美学にまで高められます。各人の懐く価値同一化願望は他者と共有・共属可能な美的秩序世界、すなわち「卓越性の位階秩序」への希求を生み出すのです。つまり、シンボルは人間と世界、個と普遍を結びつける働きですから、人間の個的・内的な統合プロセスが美的に調律された全体的な秩序形成プロセスへと一体化するのです。このプロセスのなかで真の卓越性人格が形成されます。

Question 8
「経営はアート」だというのは そういう意味なのですね。

Answer

芸術制作(アート)は不確実な結果しか期待できないところではじめて成立します。科学が確実な結果(あるいは確率が非常に大きな結果)を狙うのと対照的です。

場の運営には科学の側面も要請はされますがそれに拘るとやがて平衡化して場は逼塞します。場は不確実性の側面によってつねに揺るがされる必要があります。

アートは不確実なるがゆえにかえって独自の操作様式によって追求される意志的行為という特徴を具えることができます。そこには我意の断念、放恣の制御があります。制約・拘束・抵抗・断念・制御のないところにアートは成立しません。美はつねに拘束のなかで揺らぐ美であるからこそ美たり得るのです。

場を美的に統摂する卓越性リーダーはこのことをけっして忘れることはありません。

＜メモ＞　拘束の中で揺らぐ美

「卓越性の位階秩序」を展望しながら、人は自らをより高次・中枢の卓越者存在へと自らをプロモートしていく。同時に、「卓越者の階等序列」を拘束条件として引き受けながら、本来目指すべき卓越性存在へと自らを錬成していく。決して到達することのないテロスへ向けてのこの双方向的自己啓発の生き方にはどこか崇高の美学がある。

Question 9
それは「美しく生きる」ということに通じますね。

Answer

　目指すべきは、個人同士の自由な行動が全体として共生的調和を生み出し、そこに生成される調和に人間が美を見出すような社会です。それは、各人がそれぞれ美的生活者＝倫理道徳的生活者となること、つまり、自己内他者との反省的対話を通して自ら英知的存在者となることです。

　反省的対話とは自己と自己内他者とが互いに自己省察的に行う対話のことです。それには過去への反省とともに未来への期待・熟慮も含まれます。過去・現在・未来を通してそれらが破綻することなく持続するためには、そこに美的調和の感覚・観念がなくてはなりません。またそのような対話の過程を通して美的調和のセンス、生命論的・エコロジカルな発想も磨かれていきます。

　この一連の弁証法的プロセスを誠実に生きること、それがすなわち「美しく生きる」ということです。

　そこには、自己内他者との対話だけでなく、具体的な他者との間の実践的対話もなくてはなりません。誠実に生きるとは、他者省察的対話を通して自他の生活経験の幅を押し広げることも含まれます。美しく生きるとは、他者との関係において互いが美的調和のセンスを磨くことで、深い次元で人間存在の根幹を揺るがすような感動を共有し合うことです。

第十一回
卓越者の評価と選抜

「卓越性の位階秩序」「卓越者の階等序列」の形成が組織を美的に秩序づけるための要諦だとするなら、組織にとって重要なのは「卓越者」の評価とその選抜において過たないことである。人事部の仕事はそれに尽きると言っても過言ではない。

Question 1

「卓越者の階等序列」の形成は、単に一組織内の出来事ではなく、広く社会にも影響力をもつ出来事だと思いますが、そうならば社会の方からもそれをチェックする手段があるべきではないかと思いますが。

Answer

　組織の外から容喙することはできないでしょう。問題は、組織に自己矯正力があるかどうかです。卓越者によって統べられた組織ならその自律的な自己矯正力を具えているはずです。卓越者なら社会からの厳しい目に敏感なはずだからです。また、組織の方にも、その自律的自己矯正力を賦活するための仕組みがなくてはなりません。それには、組織のなかに民主主義的風土を根づかせることが大事です。それができるのは卓越者です。

　以下、その点について少し詳しく説明します。

　組織にあっては卓越者は意思決定の中枢部へとプロモートされます。このプロモーション・プロセスは成員全員に公平・公正に開かれていなければなりません。問題は、卓越性の判定基準、およびその評価プロセスが各人の納得を得られるよう透明性をもって公開されていることです。この透明性・公開性こそが民主主義的な組織倫理の根幹をなします。

　民主主義社会を根底で支えるのは、その主たる構成員である企業

であり、その企業の根幹をなしているのは「卓越者」たちです。したがって、企業はそのような「卓越者」養成の場であると同時に、民主主義社会の倫理を具現化するまたとない教育・訓練の場でもあるのです。

では、民主主義的な社会倫理・生活倫理へと開かれた企業とはどういう企業でしょうか。それには二つの側面があります。

一つは消極的側面で、自らが民主主義的な社会倫理・生活倫理にもとる存在、ないしはその発展を阻害する存在にはけっしてならないことです。たとえば、私的利益のために公共的価値を壊損しない、公正であるべき制度運用を私的利害のために不当に歪めない、自らが社会的に負のイシューとなるような事案を絶対に引き起こさない、さらには、エネルギー浪費をしない、環境の汚染源とならない、またそれを放置しない、危険な製品や施設を提供しない、公共の場において自分に不利益な事実の開陳を求められたときに隠蔽や歪曲を行わない、社会一般の教育上悪影響のある状況に無関心ではない、メンバーはもちろん一切の他者に対して理不尽不平等な差別的取り扱いはしない、セクハラ・パワハラ・モラハラなどいっさいのハラスメント行為はしない・させない・許さない、等々です。つまり、企業は「社会の公器」であり、それ自体が「公共圏」の主たるプレイヤーだということです。

いま一つは積極的側面です。自ら民主主義的生活倫理のモデルとなることで民主主義的社会倫理のあり方について広く啓蒙的機能を果たすことです。たとえば、外から加えられる不適切あるいは過剰な介入に対して自らが監視機能を果たすこと、さまざまな社会的歪みを是正するための実効性のある行動規範を身をもって示すこと、

制度と現実との間にあるギャップを日常的実践を通して自ら具体的に調整していくこと、公正な観察者（批判者）として政治過程、政策決定過程およびその評価過程に積極的に参与すること、何よりもその敏速な行動力と応答性と調整能力とによって民主主義社会の秩序保持機能を果たすこと、等々です。つまり、企業は「公共圏」の形成主体でもあるということです。

よき企業人であってこそ、すなわち卓越者であってこそ、人はこのような社会倫理・生活倫理のよき体現主体たることができます。人はそのような企業人を自己構築するなかで社会人・家庭人・生活者としても成熟していきます。企業人はすべからく公共人でもあります。卓越者たらんと志す者は率先してその範を示すべきです。「人間は家庭的幸福の純粋な浄福を静かに味得するために自分の職業にも励めば、また市民的制度の重みにも耐えるのだ」（ペスタロッチ）。

では、企業人にして公共的スタンスを保持するとはどういう生き方でしょうか。

それは、体制にどっぷり浸かった体制内体制派として生きるのではなく、体制内にあって健全な批判的姿勢を崩さない体制内非体制派＝非体制派的体制派として真率に生きることです。

経営トップ以下、経営幹部、管理者層、中堅層、若年層までもがみなそのような生き方をしているなら、その企業は「公共圏の形成主体」であると同時に、そこに働く者たちは等しく「企業人にして公共人」と呼ばれるに値する卓越者となることでしょう。

＜メモ＞　体制内非体制派＝非体制派的体制派という生き方

　たとえば、就職するとは、一定の組織に対して、そのなかの機能的役割を自らが覚悟を定めて引き受けるということであって、自らの全人格までをも組織に対して売り渡そうということでは当然ない。組織論理に無批判的に自己同一化した人間など組織は求めていない。むしろ、組織論理に対して一定の批判的距離を置いて、それへ主体的に対峙する人間、いわば体制内にあって非体制派的スタンスを失わない人間をこそ組織は求めているのである。
　非体制派は反体制派ではない。あくまでも体制内にあって体制の論理に無批判的に巻き込まれることを潔しとしないのが非体制派である。したがって、基本的には体制側の人間であって、言いかえるなら、非体制派的体制の生き方こそがその真骨頂である。
　新入社員なら会社に選ばれることのみに汲々とするのではなく、逆に自らが主体的立場で会社を選ぶというスタンスを見失わないことである。中堅社員なら組織論理に自己同一化することなくそれへの批判的立場を失わないことだ。管理職社員なら、自らをあえて非体制派的な立場に置いて、組織論理が陥っているかもしれない歪みや欠陥などを進んで糺すことである。経営幹部社員なら、そういう健全なスタンス、立場、振る舞いを堅持している人間をこそ組織有用の人材として重用することである、そこに共通しているのは体制内非体制派＝非体制派的体制派の生き方である。
　そういう両義的側面を持った人材によって柔軟に編成された組織なら、どのような環境変化に遭遇しても、メンバー全員の協働（シナジェティクス）を調達して、組織をつねに定常状態（ホメオスタシス）に保つことができる。メンバーの創発的意欲（エマージェンス）は組織の中核価値（ストレンジ・アトラクター）へと束ねられる（オートポイエーシス）。そのような闊達な組織気風が組織文化（ヒステリシス）として組織に定着するなら、組織の目指す方向が全メンバーに納得をもって受け入れられ（コヒーレンス）、したがってその進路選択（セレクター）を誤まることもない。こうして、組織は生きた生命体となる。
　メンバー全員が体制内体制派となれば組織は無批判的にただルーティン的な処理を専らとするだけのマシーンにしかすぎなくなる。そういう組織は柔軟な状況適応ができずに、いずれ硬直化し閉塞し衰退する。
　卓越者は、若い時から経営幹部になるまでの間、つねに生命論パラダイムを生きる体制内非体制派＝非体制派的体制派であり続ける。

Question 2
社会的評価を担保するという点ではコーポレート・ガバナンスが重要だと言われます。卓越者はその担い手でもなくてはならないと思いますが、その点について説明してください。

Answer

＜本講＞では「生命論パラダイム」に即して「リーダーシップ論」を講じてきましたので、どちらかと言えば「機械論パラダイム」に則った権力行使的側面の強い「コーポレート・ガバナンス論」には立ち入らないできました。

経営には「生命論パラダイム」と「機械論パラダイム」が綯い合わされた局面があります。その最たる局面がご質問の「コーポレート・ガバナンス」の分野です。せっかくの質問ですから、その点について簡単に説明します。

「コーポレート・ガバナンス」には三つの領野があります。ドナルド・ドーア『誰のための会社にするか』（岩波新書）によれば、それは、

（1）戦略的計画・方針の制定。
（2）計画目標を実際の個別の指示に翻訳して、計画を実行し、日々出てくる問題の解決を図ること。
（3）会社の人々の実際の行動を監督して、結果的に指示に従ったか、戦略目標や法的規制に合致していたかを確かめ、足りないところ、脱線しているところを改めること。

つまり、（1）戦略策定機能、（2）執行機能、（3）監視機能の三つの機能領野です。

　この三つのガバナンス領野すべてが社会的評価に関わります。その具体的なあり方を、

①経営トップの職責という観点
②取締役会の役割という観点

　の両観点から箇条書き的にまとめれば次のようになります（一々書名は挙げませんが、これらはいくつかの専門書から私が自分なりに適宜抜粋したものであることをお断りしておきます）。

①**経営トップの職責**

・取締役会と経営会議（業務執行役員会あるいは経営委員会）とが共通の目的に向かって最善を尽くすよう両者の関係をつねに最適状態に保つべく調停すること。

・取締役会が会社の最高意思決定機関であり審議機関であることを踏まえ、その有効な運営（会社定義・経営戦略の策定・議題の選定・オープンで効果的な討議・業務執行状況の監督、等々。なお、業務執行の細目には踏み込まないことも含む）に責任をもって当たること。

・経営会議において業務執行役員がその担当分野以外でも積極的・建設的な発言をするよう奨励することによって、会社のチェックアンドバランス機能を十全に発揮させること。

・自らの統率力・戦略策定力・分析力・状況判断力・実行力など、ガバナンスの基礎となる手腕力量を不断に練磨するとともに、経営執行陣のパフォーマンスを適正に評価するためにも、また会社

枢要幹部や上級経営管理者の選抜任命に過つことのないためにも、普段から適正な人事情報の収集に努めること。
・取締役会会長と最高業務執行役員との間で職務と権限および責任の範囲、意思疎通や協働のルールなど、互いがその役割を建設的に分担し合い保証し合えるよう明確な線引きをすること。
・必要に応じて各種の取締役会付委員会（指名委員会・報酬委員会・監査委員会・財務統制委員会・コンプライアンス委員会など）を設けその適正有効な運営を図るとともに、会計監査人や社外取締役の選任に当たってリーダーシップを発揮し、不断にコーポレート・ガバナンスの向上を図ること。
・自分に過度の権力が集中することで会社の意思決定に歪みが生じることのないようつねに公明正大を心がけ、取締役会の監視監督機能（経営方針や事業計画に建設的な疑問を提示することを含む）を強化するとともに、自らの進退（交代）についてのルールを定め、いつでもそれが適正に発動され得るようにしておく（後継者の育成を含む）ことで、権力と権限と責任の均衡を確保すること。
・適切に会社を代表してその顔となり、内外（株主・機関投資家・金融機関・財務アナリスト・従業員・メディアなど）に対し必要な情報を適時適正に伝えることで会社のアカウンタビリティを不断に高め（インサイダー情報の厳正な管理を含めて）、広く社会から寄せられる会社への信頼（アイデンティティの確保を含む）をつねに高次に保つこと。

②**取締役会の役割**
・対話と討議を通して株主と会社（取締役会）の利害を一致させ、

その間のバランスをとること。
・自らの役割と責任の範囲と内容（目的・戦略・計画・方針、および最高業務執行役員の指名、あるいは業務執行役員と非業務執行役員の区別など）を明確化し、各取締役はその役柄に応じて自らその推進力となり、また互いに協働することで、事業の長期的繁栄を確保すること。
・非業務執行取締役（社外取締役を含む）は重要メンバーとして最高業務執行役員を可能な限りサポートするとともに、そのパフォーマンスを評価し会社のガバナンスを高めること。
・現在の利益と将来の利益の間のバランス、経済的な目標（特許や知的所有権の囲い込み、リストラによる人員整理、あるいは株主価値の増進、などを含む企業の利益追求全般）と社会的な目標（省エネルギー、環境汚染、製造物責任、雇用確保、あるいは寄付・ボランティア・フィランソロフィー・地域貢献、などを含む企業の社会的責任全般）の間のバランス、ステークホルダー間のバランス（時間系列のなかでのバランスを含む）を確保し維持すること。
・ガバナンス基準とアカウンタビリティ基準についてスタンダードを確保するとともに、健全な内部統制システムを確立し、権力と責任の適正な分散と分担を保証すること。
・ガバナンスの形態や手続きを定め、ガバナンス機構が十全に機能しているかどうかを不断にチェックすることで、組織の末端までビジネス・エシックスとコンプライアンスが徹底するよう日常の業務活動を監視すること。
・自らのパフォーマンスを監視し評価する機構（報酬委員会・監査

委員会など）を設けること。
・株主の議決権行使を促進するような方策を講じること。

　これらによって、組織の自励発展力を高めるのがコーポレート・ガバナンスです。そこには、社会からの厳しい目があることを一時も忘れないことが大切です。そのなかで真の卓越者リーダーが育ちます。
　なお、コーポレート・ガバナンスに関しては、異例緊急事態に対処する「リスク・マネジメント」、「エマージェンシー・プラン」も含まれますが、この点については説明を省略します。

<メモ>　リスク・マネジメントとエマージェンシー・プラン

　経営はつねにリスクに囲まれている。したがって、リスク・マネジメントの要諦はリスクをなくすことでも、リスクを回避することでもない。それによって発生するコストをミニマイズするために、リスクを予測し、それに備える体制を整え、万一それが現実化した際には、機敏に対応してそのダメージをいかに最小化し、あるいは分散し、あるいは分かち合うかの対応を予め組織的に決めておくことである。むしろ「リスクこそチャンス」の気概を組織に行きわたらせることで、それを組織改革のエネルギーに変えることさえある。そのための体制作りこそがエマージェンシー・プランに他ならない。

第十二回
聖徳太子の十七条憲法

　卓越者は組織のなかでの卓越存在であるだけでなく、社会公共空間に開かれた存在としても卓越存在でなければならない。そういう卓越存在が則るべき規範について吾が国で最初に論じたのは聖徳太子である。『十七条憲法』がその精髄である。いま「公」と「私」の中間に広がる「公共圏」について、さまざまな方面から「公共哲学」が論じられているが、「公共的卓越」とは何か、の観点から改めて『十七条憲法』をひもといてみる。

Question 1
聖徳太子は参謀型リーダーか、統帥型リーダーか、それともまったく別範疇のリーダーか、どう理解すべきでしょうか?

Answer

聖徳太子は天皇でも皇太子（天皇の後継）でもありませんが、天皇の皇子という意味では太子であり、同時に摂政だったという点で、統帥型リーダーと参謀型リーダーとの両方の側面を併せ持つ卓越者リーダーだったと見るのが妥当なところでしょう。

世のなかにはコチコチの統帥型リーダーも、裏方専門の参謀型リーダーもいなくて、多かれ少なかれリーダーたるものはみな両者の中間的な存在だとするなら、聖徳太子は世の卓越者リーダーたちにとって目指されるべき一つの典型・模範と言ってよいでしょう。

しかしながらそれも、どっちつかずの中途半端な存在に止まるものなら、さして意味ある存在とは言えませんが、聖徳太子が偉かったのは、権力を揮うわけでもなく、単なる戦略家スタッフに自足するでもなく、その間にあって、国のあるべき形と、その進むべき途とを模索し、そのための思想的根拠を確定し、それへ向けて国家を、官僚たちを、そして民を自らリードしたという点にあります。

憲法各条文は国務を担う「公人」に向けられていますが、視線はつねに国務に使役される「公民」に注がれています。そこに描かれているのは「公」と「私」の間を調停する「公共型リーダー」です。

以下は、梅原猛氏の『聖徳太子』からの引用です。

「太子は、一万年を遡る日本の歴史のなかで比類なき人格として、毅然として光っている。そしてそれは一つの日本のエポックをつくっている。太子以前と太子以後の日本は別の日本になったのである」

「日本は氏族制度の国家から律令制度の国家に大きく変わった。太子は律令制のプランメーカーであり、同時に、その基礎建設者であった。そして律令日本は以後、内容的には六百年、そして形式的には千二百五十年も続いたのである」

「太子は十七条憲法や三経義疏によってこの律令制日本の理想を示したわけであるが、そこには、必ずしもすべてが中国の模倣ではない思想が示されているのである」

「太子は、まさに政治家としてと同時に、思想家として、千年も二千年もの後にも通用する理想を示した」

「日本の政治や思想は、聖徳太子に入り聖徳太子に出る。まったく太子は、空前絶後の日本の偉人である」

われわれ凡人は聖徳太子には遠くはるかに及びませんが、それぞれが受け持つ片隅の部署で、統帥型でありつつ参謀型でもあるような卓越者リーダーを目指しつつ、統摂型リーダーに期待される使命と役割とををささやかながら担っていきたいものです。

Question 2
公共圏哲学として「十七条憲法」を読み解くとしたらどうなりますか? たとえば、ボランティア活動、各種NPO活動などを念頭に置いて説明してください。

Answer

逐条的に解釈してみましょう。条文の引用は省略します。

第一条：住民はみなそれぞれ自分の立場に捕らわれているものだし、なかなか大局的な判断はできないものである。だから、合意を得るためには、何よりもみなが和らぎ睦び合ってよく論議を重ねるしかない。公共圏を統べる原理の基本は「和」である。そうやっていったん住民合意ができれば、みな逆らうことなくそれに従うべきである。

第二条：合意を形成するには三つの拠るべき基準がある。皆が納得する自然の理法に叶っていること、各種法令に則っていること、地域の文化や生活慣習に即していること、である。それを弁えない人がいるならよく教え導くことである。公共圏を守り育てるにはそのような教育機能も求められる。

第三条：公共圏はあくまでも国家の中の圏域であって、国家を離れてはあり得ない。国権を侵すことがあってはならないし、むしろそれとの調和をどう実現するかにこそ公共圏は意を用いるべきである。

第四条：公共圏を秩序づけるうえで互いが守るべき基本的態度は相手に対して「礼」を尽くすことである。相互尊重の精神がなければ公共圏を治めることはできない。

第五条：もう一つの基本的態度は、住民全てに対して扱いが公正・公平で一切の差別的扱いをしないことである。要は、住民個々の立場を理解し、寄り添い、共にいちばんよい解決策を模索していくことである。

第六条：善意をもって公共圏のために尽くしてくれる人を重んじて、その人に存分に働いて貰うようにするのがよい。協力してくれない人、反対する人、邪魔する人もなかにはいるだろうが、そのような人たちにもよく条理を尽くして話をし、できるだけ納得を得る努力をすべきである。

第七条：役割分担を決めて、適材適所で働いてもらうことである。そしてよくやってくれる人があれば、みなで褒めたたえて感謝すべきである。特に緊急対応を要するような非常時の働きは格別である。それを目指して住民各人が努力するようなら、公共圏は安泰である。

第八条：問題を先送りして時間稼ぎをするのはよくない。困っている人の身になって、みなが率先して事に当たるべきである。

第九条：そのためには互いの信頼関係が大事である。真心をもって事に当たるなら必ずそこに信頼関係が生まれる。

第十条：どんなことがあっても腹を立て、怒ってはならない。心を平穏に保って、人の話をよく聴け。人にはみなそれぞれの思いがある。執着するところもある。なかなか合意には至

らぬものである。どちらが正しいのでも、どちらが賢いのでもない。お互い凡人同士なのである。むしろ、互いが自分の方が間違っていないかを反省し合うべきである。これが当然だと思っても、妥協すべきは妥協して、みなが一致共同できるところを探し求めるべきである。

第十一条：功績のある人にどう報いるかも大事なポイントである。基本がボランティア的な活動であるなら、なおさらその点が重要となる。知恵を要するところである。

第十二条：住民にあまり負担をかけるのもよくない。それぞれ自分の仕事も持っているし、別の公務に従事している人もいる。負担の公平、分担の配慮など、きめ細かな対応が求められる。

第十三条：仕事の上では互いが助け合わなくてはならない。ときには、一時的であっても交代してあげねばならぬこともある。それには平素から協働体制を敷いておくことが必要である。

第十四条：協働体制において害をなすのは妬みである。才知や行動力で優れた人は往々にして嫉まれやすい。それを放置していると優秀な人は活動から離れていってしまって、ついには人材は枯渇する。お互いに戒め合うしかない。

第十五条：公共圏では私利私欲の振る舞いは一切許されない。忘私奉公が第一義であるべきである。みながそうなれば、公共圏にはおのずから和諧の風潮が行きわたる。

第十六条：公共圏で何かの行事をするときは時期を選ぶことも大事である。みなが忙しいときはできるだけ避けて、協力が得

られそうな季節・時節を選ばねばならない。まずは、公共
　　　圏の住民の本業が成り立たねば事は進められない。
第十七条：独断専行をしてはならない。衆議を重ねて衆論をまとめ
　　　ねばならない。些事についてはルーティン的に処理しても
　　　構わないが、大事については抜かりがないように理路をは
　　　っきりさせて、みなの納得が得られるようにすべきである。

　深い人間理解に裏打ちされた、慈心に溢れた卓越者リーダーのあり方が尽くされています。このような卓越者によって統摂された公共圏なら、住民は公共人としてその活動に進んで参加するでしょうし、公共人たるに相応しい存在たるべく人格的に成熟してもいくでしょう。

　もちろん、そこには公共圏が目指すべき中核価値は何かが提示されていなければなりません。聖徳太子はそれを「篤敬三宝」（第二条）、「承詔必謹」（第三条）、「勿斂百姓」（第十二条）として掲げ、それによって目指すべき究極の価値規範として「以和為貴」（第一条）を提示しました。

　問題は、現代の公共圏において、自然の理法、国家法規範、生活文化規範に遵うべきは当然として、さらに、そこにどのような「目指すべき中核価値」を提示するかです。＜本講＞でも述べましたが、私はそれを「和（第一条）・礼（第四条）・信（第九条）」と考えます。特に十七条の真中に位置する信（第九条）がそうだと思います。いつの時代でも、どんな場所でも、人間集団が目指すべき究極価値は相互信頼をどう築くかにあります。

Question 3
〈本講〉では「十七条憲法」を生命論パラダイムによる六区分で解説されましたが、公共圏哲学の見地からすればこの六区分はどうなりすか?

Answer

順次説明しましょう。

一は、住民を糾合するための求心作用としてはどんなところに留意すべきか(<ストレンジ・アトラクター>)です。憲法第一条、第二条、第三条、第十二条がこれに相当します。

> <和やかに熟議をこらし、国家の法令・規則に則って、国家と地域の調和ある発展を念頭に置きながら、特定の人々に過重な負担がかからないよう留意して、住民の福祉向上を図りつつ、利害調整を行うべきである>。

二は、住民の諸活動が整斉たる秩序のうちで行われるように活動全体を包括的に組織化すること(<オートポイエーシス>)です。憲法第四条、第九条、第十四条がこれに相当します。

> <公共圏では地域住民同士の人間関係が大事である。親しい中にも礼を尽くし、真心を持って、協働し合うべきである>。

三は、住民の一致共同(<シナジェティクス>)です。憲法第七条、第十三条、第十五条がこれに相当します。

> <役割分担を明確にし、互いに助け合い、足らざるところを

補い合って、一致共同の実を挙げるべきである。そうやってみなが「私」を捨てて「公」のために尽くすなら、おのずから場は和やかになる＞。

　四は、住民の合意を尊重し、それを大事に育てること（＜ヒステリシス＞）です。憲法第六条、第十六条がこれに相当します。

　＜貢献度の高い人を重んじるべきである。また、何事をするにもみなの納得が得られるように、それまでの経緯を尊重するとともに、時節・時宜を得なければならない＞。

　五は、公正であるよう、みなとよく相談して事を決すること（＜セレクター＞）。憲法第五条、第十一条、第十七条がこれに相当します。

　＜何事かを決めるときは、つねに公正を心がけ、功罪をよく見極め、特に弱者の立場に配慮して、よくみなの意見を聞くべきである＞。

　六は、住民本位、自分への執着をなくすこと（＜ホメオスタシス＞）です。憲法第八条、第十条がこれに相当します。

　＜事はいつ起こるかもしれないのであるから、つねにそれに備えていなければならない。忘私奉公の精神で臨まなければ何事も進まないし治まらない＞。

　全体をまとめます。

　＜熟議をこらし、国家の法令・規則に則って、国家と地域の調和ある発展を心がけるべきである。負担の公平も、地域住民同士の人間関係への配慮も大事である。礼と真心を尽くして協力し合うべきである。そのためには、役割分担を明確にし、

互いに助け合い、足らざるところを補い合うことも必要である。人を登用するには、貢献度の高い人を重んじるべきである。また、何事をするにも時節・時宜を得なければならない。また、何事かを決めるときは、つねに公正を心がけ、功罪をよく見極め、特に弱者の立場に配慮して、よくみなの意見を聞くべきである。時間に関係なく事は起こるものである。つねに忘私奉公の精神で臨まなければ公事は治まらない。そうやってみなが「私」を捨てて「公」のために尽くすなら、おのずから公共圏は和やかな場となる。和をもってするなら何事も成し遂げられないことはない＞

　公共圏だけでなく、秩序ある人間集団に共通の哲理がここに尽くされています。

Question 4
以上のうち、公共圏を運営していくうえで特に重視すべき点を一つだけ挙げるとすれば何だと思いますか?

Answer

すべての条文は相互に関連し合っていますし、内容的にも相互に重なり合っているところがありますので、特定の条文を強いて抜き出すのもどうかと思われますが、特に挙げるなら第十条ですね。「相手を尊重せよ、自分を客観的に見る視点を失うな、この世に絶対的真理などない、多くの人の意見を聴いて同じように行動せよ」というのは「公共」哲学の基本ではないでしょうか。

改めて「憲法第十条」の全文を読んでみましょう。

「忿を絶ち、瞋を棄て、人が違うのを怒らざれ。人皆心あり。心おのおの執るところあり。かれ是とすれば、かれは非とす。われ必ずしも聖にあらず。かれ必ずしも愚にあらず。共にこれ凡夫のみ。是非の理、誰かよく定むべき。相共に賢愚なること、鐶の端なきがごとし。ここをもってかの人は瞋るといえども、還ってわが失を恐れよ。われ独り得たりといえども、衆に従いて同じく挙え」

Question 5

「十七条憲法」の全条文を要約するなら、「私利私欲を棄て、相手の立場に立ち、忘私奉公の精神を以て、一致共同せよ」に尽きますね。では、次に問われるのは、そこにどういう社会を実現しようとするのか、その目的ないしは目標ではないでしょうか。現代社会に置き換えるならそれは何でしょうか？

Answer

　現代社会が目指すべき「公共哲学」の行動規範は何か、ということですね。公共圏のなかで住民個々人は何を目指して行動すべきか、それはアフォーダンス、アブダクションの問題系であると同時に、エマージェンス（オートポイエーシス）とコヒーレンス（ストレンジ・アトラクター）に関わる問題系でもあります。つまり、人間はみなそれぞれ各人ごとに、「私」の世界と「公」の世界をさまざまに棲み分けて生活しているが、その「私・公」が重なり合う中間の場に公共圏が開かれる。同じ人物であっても、時と場合によっては、「私」の世界が大きく「公」の世界にはみ出すこともあれば、逆に「公」の世界のために「私」の世界が大きく浸食されることもあり得る。人によってもその重なり方はまちまちである。その多様な公共圏で、みなの「やる気」を喚起し、それを共通の目標へ向けて行動的に束ねることができる「中核価値」は何なのか、「やる気」の喚起については十七条憲法で尽きている、問題は「中核価値」（みなの活動をコヒーレントに束ねるストレンジ・アトラクタ

一）は何か、ということですね。

それは国政レベルでは「正義とは何か」というような大きな問いとなりましょうが、地域政治のレベルであれば、たとえば、それは日本国憲法の前文に謳われているような、住民が等しく＜恐怖と欠乏から免れて、安寧と福祉を享受できる社会＞の実現ということになりましょうね。この点については、次の補講一と補講二で、「公共とは何か」というテーマでもう一度立ち戻りたいと思いますが、ここでは次の問題提起に止めておきましょう。

「公共哲学」には『哲学』全般がそうであるように、そこには批判的視点がなければならない。「社会変革」の視点、つまり、それによってどういう社会を実現しようとするのか、現状のどこをどう改めるべきか、の提言を含むものでなければならないという一事です。それを企業に置き換えれば、次のような問いとなりましょう。

会社は社会の公器であり、そこに働く従業員は公人である。公器・公人の立場と私企業・私人（社員）の立場に矛盾が生じたなら、そのときはどうすべきか、という問いですね。

言い換えれば、批判的視点を失うことなく、しかも会社のために働くというという原則的立場も弁えたうえで、いわば、体制内にあって必要とあればいつでも非体制派的スタンスで事に処することができる、そういう生き方はどうすれば可能かという問いですね。

これは一見難しそうですが、けっしてそうではありません。実は、会社もそういう健全な批判的視点を見失わない、いわば、体制内非体制派的社員＝非体制派的体制派社員をこそ求めているのです。

補講一
暗黙知、ないしは暗黙次元の知について

人間の住む世界は三次元構造で捉えることができる。下層から上層へ、暗黙次元・明示次元・形式次元の三次元である。

暗黙次元は生命活動の根源的エネルギーが渦巻く次元である（第九講では、ここを感知するのが＜感性＞であるとした）。

暗黙次元の上に開かれるのが明示次元であり、その明示次元の上で開かれるのが形式次元である（第九講ではここを開くのが＜理性＞であるとした）。

この三次元構造は「公共圏」についても言える。まず、住民の生命的活動がある（暗黙次元）。それは活かされ保証されねばならない。それには生活規範の不断の形成作業が伴う（形式次元）。その一連の営為のなかで地域文化が育ち、つねに新しくされていく（明示次元）。

これを家族＝家庭に引き直して考えてみると分かりやすい。形式次元の「規範化作用」を担うのは父性（父親とは限らない。母親も父性の役割を演じることがある）であり、暗黙次元の「ほとばしる命の熱情」を育成・馴致するのは母性（これも父親が演じることがある）であり、この形式次元と暗黙次元の中間の場で、父母（夫妻）和合の家族＝家庭の親密圏を開くのが明示次元である。父性、母性のどちらの作用も大事であるが、なかでも母性の働きが肝要である。母性とは、形式次元・明示次元の根底にあって人間の諸活動に不断にエネルギーを備給している根源的次元である暗黙次元に深く根ざす「性」だからである。

Question 1
三次元構造について、その相関関係を分かりやすく説明してください。

Answer

母性・父性、家族・家庭という側面から、分かりやすく図解すれば次のようになります。

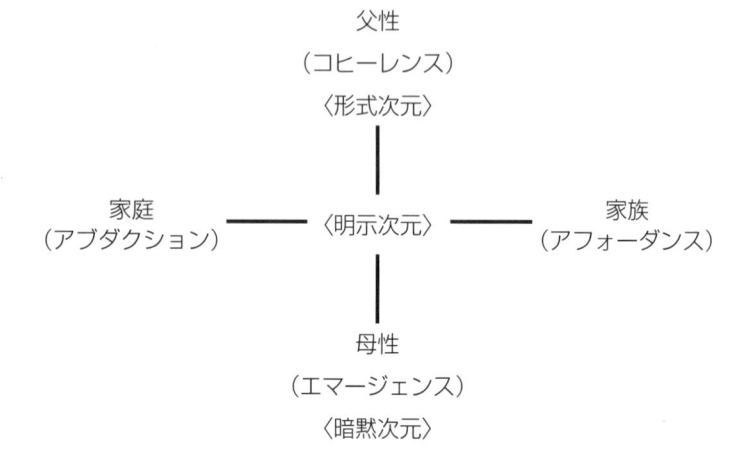

```
                    父性
                （コヒーレンス）
                 〈形式次元〉
                     │
   家庭 ────────〈明示次元〉──────── 家族
（アブダクション）          （アフォーダンス）
                     │
                    母性
                （エマージェンス）
                 〈暗黙次元〉
```

〈暗黙次元〉とは、われわれの根源的な生命力、生命的活性、生きる力です（エマージェンス…母性はその象徴）。それは宇宙生命に通じています。

〈明示次元〉とは、われわれ自身の心身を含めて、われわれを取り巻く諸々の自然的条件であり（アフォーダンス…家族はその始源的世界）、その自然的条件が人間活動によって規範化されるところに生まれる秩序世界のことです（アブダクション…家庭はその

原初的世界)。

＜形式次元＞とは、人間社会のなかで歴史的に形成されていく諸々の約束事やしきたり、習慣や法制度などの社会的・文化的秩序の総体です（コヒーレンス…父性はその象徴）。

この三次元は相互に浸透し合っています。実際には、暗黙次元は宗教的な霊性次元にまで届いていますし、形式次元は広く法制度や行政システムなどにまで広がっています。われわれは、この三次元構造のなかで日々の生を営んでいます。そこではさまざまな生活規範が生まれます。図式化すれば次のようになります。

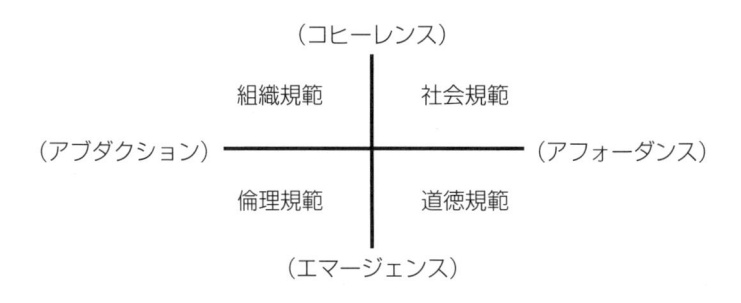

```
                （コヒーレンス）
                     │
         組織規範    │    社会規範
                     │
（アブダクション）─────┼─────（アフォーダンス）
                     │
         倫理規範    │    道徳規範
                     │
                （エマージェンス）
```

まずは、個人感情としての道徳規範が、エマージェントに生まれます。

次いで、それはコヒーレントに束ねられて（日常習慣化されて）社会規範となります。社会人として各個人が則るべき規範、たとえば礼儀作法などもそれに含まれます。やがて、それは制度化されます。

次いで、それは組織規範化されます。人は誰しも役割・使命をもって、何らかの組織に属して、与えられた仕事（職業）に従事しますが、そこには組織固有の組織規範があるということです。就職す

るとはその組織規範を遵守することに同意することにほかなりません。それを逸脱するようでは組織から排除されるだけのことです（コヒーレンス）。

次いで、その組織規範は成員各人の懐く倫理規範と整合的に調整されます。そうでなければメンバーからの支持も得られませんし、組織の生命的活性を削ぎ、組織は瓦解してしまうからです。

この倫理規範が生命的活性を賦活することで、そこからまた生き生きとした道徳感情も生まれてきます（エマージェンス）。生命的活性が機能的「個」の側面で表徴されたとき倫理規範となり、人格的「個人」の側面で表徴されたとき道徳規範となると見ることもできます。

知の三次元構造の観点からこれをもういちど敷衍します。

明示次元において、道徳規範・社会規範・組織規範・倫理規範が形成されます。しかしそれは、形式次元において制度化される中でやがて硬直化することになりかねません。それをふたたび生きた規範へと戻すためには、不断に暗黙次元からの生命的活性が備給される必要があります。

このように、三次元構造の中を根源的生命力が滞りなく循環してはじめて、組織・社会は生き生きと、かつ、倫理・道徳的に秩序づけられます。また、その中でこそ、健全な家庭も、慈愛に満ちた家族も実現可能となります。そこから成員一人ひとりの生きる力も育まれます。

Question 2
個人の道徳規範から社会規範が創出されるプロセスについて説明してください。

Answer

　人はそれぞれに環境条件を読み取りつつ、最も状況適合的なコンテクストをつど編成しながらこの複雑な現実世界を生きています。ここで言うコンテクストとは現実世界に対する各人それぞれの個性的な理解の体系、独自の解釈パターン、つまり個人的＜道徳規範＞のことです。同じことは社会についても言えます。社会もそれまでの理解の体系を変容させたり、それに新たな解釈を施したりしながら、自らのコンテクスト、つまり＜社会規範＞を不断に生成し変容させていくことで新しい事態に対処しています。

　そのなかで人と人との間、人と社会の間でコンテクストは相互に参照され、不断に摺り合わされ、適宜修正され、それぞれ首尾一貫性と実用的柔軟性を確保しつつそれぞれのコンテクストは不断に編成替えされていきます。

　しかし両者の間にはつねに何がしかの齟齬や矛盾葛藤があります。今日のように変化が激しく方向感の掴みにくい状況下では、なおのことそうです。

　そもそも＜社会規範＞は個人にとっては与件として、つまり多少なりとも外的強制として受け取られがちです。人はそれを何とか自己調停しながら生きています。その各人ごとの調停努力のなかで＜社会規範＞は自己変容を遂げつつ不断に合生・抱握（合成、抱握は

ホワイトヘッドの用語)されていきます。

　＜社会規範＞が与件としての統合的統一体などではなく合生的抱握体であるということは、結局のところ各人の日々の小さな営みの集積が＜全体＞の整合性あるコンテクストを抱握的に合生していくうえでの主体的素材となるのだ、ということを物語っています。

　しかしながら、全員が等しくそのような力能に恵まれているわけではありません。大方は最も吸引力のあるコンテクストへと同調的に引き込まれていく受動的存在です。そのなかにあって主調音を奏でる者がすなわち卓越者たちです。彼らが全体の流れを決めていくことになります。要するに主たるプレイヤーである卓越者によって奏でられる主調音に吸引される形で全体文脈が形成され、それを読解する多数の追随者を得て、社会という動的場は一つの合生された交響的秩序の場へと抱握されていくのです。われわれが「公共圏」と呼んでいるのは、その「交響的秩序の場」のことです。

　そうやって「公共圏」が成立するためには、主たるプレイヤーたる卓越者の力量に頼るだけでなく、「公共圏」自体にも一定のスキルがなくてはなりません。

　民主主義はそのために人間が考案した一つの到達点です。そこでは、メンバー各人には共同の解釈過程へと自らを開くこと、すなわち公共的討議への開かれが求められます。公共的討議とは、言葉においてだけでなく実践行動においても民主主義的過程へと自らを開くために人間が習得した一つの智恵です。

　こうして主体性と協働性によって、「公共圏」は道徳規範と社会規範の共同体へと合生的に抱握されていきます。

Question 3
企業組織も公共圏を形成する重要な一員だと思いますが、それが準拠する＜組織規範＞と公共圏が掲げる＜社会規範＞とが整合的である保証はどこにあるでしょうか？

Answer

　組織は社会のなかで生命論的に結び合わされた情報ネットワークのなかの一結節場として機能しています。その機能が十全であるためには、組織を精緻に設計し、効率よく構築し、自在に操作できるテクノクラートが必要です。彼らがつねに環境条件の変化に適合的であるようにチェックできる総合的な判断力・構想力・企画力を具えたリーダーの存在も欠かせません。

　すなわち求められるのは、一方ではシステムの合理性・合目的性を強めながら、他方ではその合理性・合目的性の及ぶ範囲と程度を注意深く制御し、そのなかで組織をより柔軟に現実適合的なものにしていくことのできるリーダーの存在です。つまり、＜組織規範＞の体現主体であると同時に＜社会規範＞の体現主体でもあるようなリーダーの存在です。

　それには、リーダーは自らが情報ネットワークの主要な結節場であると同時に、そのような結節場の間を自由に横断できるプロフェッショナルなテクノクラートでもなくてはなりません。プロフェッショナル・テクノクラートとは、一方では組織内での支配的価値の

保持者でありつつ、他方では組織空間を権力によって補強しようとするのでなく、排他的団結で防御しようとするのでもなく、あたかもそこを一つのファンクションナルな場として捉えることができるような、いわば全体をつねに複眼的・相対的視点で俯瞰することのできるような、そういう高次の知的ノマド（遊牧民）のことです。

　すなわち、状況適合性と組織整合性についての優れたバランス感覚の持ち主であって、いつでも自由に自分を取り巻く時空間を移動し、ないしはその構造を自在に組み替えていけるようなメタ能力の保持者です。

　これからの＜社会規範＞の体現主体は、このような高次のシミュレーション能力をもった＜組織規範＞の体現主体でもあることが求められます。

　要するに、＜組織規範＞と＜社会規範＞を整合的に結びつけるのは卓越者リーダーだということです。そして、そのような卓越者リーダーによって統摂された企業組織においてはじめて、＜組織規範＞と＜社会規範＞とは真に整合的に結び合わされます。

Question 4
そのような卓越人材を育成するにはどうすればよいでしょうか?

Answer

　そのような＜組織規範＞＝＜社会規範＞の体現主体を、予め何らかの評価規準を設けて育成するのは難しいし、またそうすることが適切とも言えません。それには、当人が所属する組織集団の内部で、その振る舞いや実績成果を実地に見ていく以外にありません。

　つまり、組織集団内におけるその卓越性の発揮度を具体的に明らかにすることです。組織における当人の知力・人間力の総合的発揮度、つまりその＜組織規範＞の体現ぶりを日々の実践のなかで問うのです。言いかえれば、当人が組織メンバーの一員として機能するに当たって拠って立つその個的＜倫理規範＞と、組織の追求する＜組織規範＞との整合性・合致度を検証するのです。

　それができていれば、そこから民主主義的＜社会規範＞への通路が開かれます。民主主義社会とは「人間的尊厳と人格的自立が保証され、全員が市民的自由を最大限に確保できていて、しかもそこに安定した秩序が持続的に実現していく」(『ウエブレン』宇沢弘文)プロセスです。

　このような民主主義的社会に即した＜社会規範＞が社会に定着するためには、社会の主たる構成員である企業組織自体が、およびそこに働く組織メンバーがまず民主主義化される必要があります。

　それには、そこに実現するであろう＜組織規範＞＝＜倫理規範＞

が、および個人の人格領域には一切権力的介入をしないとする民主主義的規範意識が、社会（組織も）の隅々にまで徹底していることも大事です。

　もちろんだからといって個人に我がまま勝手が許されるということではありません。むしろ自由に任されているだけに、個人はかえって慎重に、他者の準拠する＜組織規範＞＝＜倫理規範＞を参看して、自分のそれとの照合・摺り合わせを行いながら、自らの拠って立つ＜社会規範＞＝＜道徳規範＞を自己調律せねばならないという責務を負うことになります。

　そのような＜組織規範＞＝＜倫理規範＞、＜社会規範＞＝＜道徳規範＞の体現主体である卓越者に媒介されてはじめて、組織と社会の間は民主主義的にスムーズに連接されます。

＜メモ＞　民主主義社会と市民的自由

　民主主義社会はつねに両面からの危険に曝されている。ひとつは権威主義的支配がデモクラシーをイデオロギーとして自らの内に取り込むことがままあり得るという危険（民主主義の顔をした権力主義）であり、いまひとつは、統治する者と統治される者との結合の自明性がともすれば失われるというよくあり得る危険（民主主義的ガバナンスの崩壊）である。それらの危険を乗り越えてデモクラシーが唯一普遍的な組織原理であることを証明するためには、民主主義社会の最大にして根幹をなす活動主体である企業こそが、その実現可能性を身を以て示していくのがいちばんである。

Question 5
機能的「個」が準拠する＜組織規範＞と、人格的「個人」が立脚する＜道徳規範＞との関係はどう考えたらよいのでしょうか？＜社会規範＞と＜倫理規範＞との関係も含めて説明してください。

Answer

ご質問は、次図の斜線で結ばれた各＜規範＞の間の関係はどうなのかということですね。

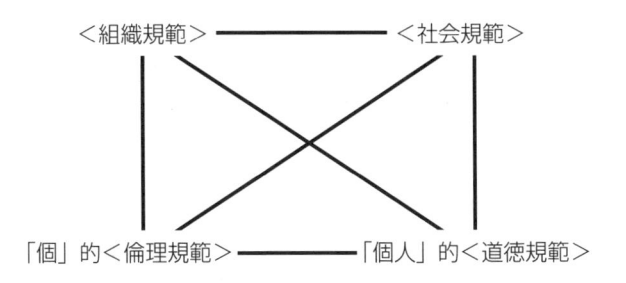

```
＜組織規範＞ ——————— ＜社会規範＞
         ＼       ／
           ＼   ／
             ✕
           ／   ＼
         ／       ＼
「個」的＜倫理規範＞ ——— 「個人」的＜道徳規範＞
```

自分が懐く「個人」的＜道徳規範＞と、自分の所属する組織が掲げる＜組織規範＞とが矛盾なく合致していると得心できたとき、人は自分の生活に「生きる意味」を感得することができます。言いかえれば、「生きる意味」を求め続けることではじめて人は自分の＜道徳規範＞に覚醒し、自らの拠って立つべき＜組織規範＞をより確かなものと実感することができるようになります。その実感があってはじめて人は＜組織規範＞の形成主体となることができます。

「生きる意味」の感得とは、どこかにあるあれこれの生き方を自

らの外部に探し求めることでもなければ、生き方について世間一般に是とされる慣習的解釈を学び取ることでもありません。覚悟的意志をもって選び取った自分なりの生き方を種々変形したり解釈し直したりしていくなかで、さらにどのような生き方が可能かを絶えず見出していく営為そのものを通して、自分で発見し紡ぎ出していくものです。

　そこから使命感も生まれてきます。使命感とは外部から超越的に下された命令に服することでもなければ、それへの応答でもありません。「生きる意味」の感得を通しておのずから湧き出るやむにやまれぬ欲求です。

　このことは＜社会規範＞と＜倫理規範＞との間でも同様です。その両者を調停する努力を通して、人は「働く価値」を感得します。その感得を通してはじめて組織成員は自分の仕事・職業に責任感をもって従事することができます。

　＜社会規範＞から遊離し、それと矛盾する＜倫理規範＞は成り立ちません。＜組織規範＞と乖離し、それと対立する＜道徳規範＞も成り立ち得ません。これらの間を柔軟に調停できる組織・社会のみが存続することができます。

　卓越者なら、その相関の覚知に止まらず、むしろそれらの合致を目指して＜組織規範―道徳規範＞、＜社会規範―倫理規範＞の間をつねに刷新する主体へと自らを鍛えていくことでしょう。

Question 6
先ほどの図のなかで、特に重要なのは
＜組織規範＞と＜社会規範＞の間の調停
ではないかと思いますが。

Answer

　その矛盾対立を何とか緩和すべく、人は組織の一員としてそれぞれの部署でできる限り＜組織規範＞と＜社会規範＞の関係をよりよく適合させようと試みます。＜社会規範＞の方が実情に合致しないと見れば、その改変を求めて社会的行動を起こす以外にありません。必要な＜社会規範＞の改変が進まないと、社会は閉塞状態に陥るか劇的な内破状態に見舞われます。普通はそうならないよう微調整されていきます。一方、柔軟な＜組織規範＞の組み替えができませんと組織はやがて衰退します。その調停に失敗した組織では、優秀な人間ほど使命感・責任感を喪失して組織から離脱していきます。そうならないよう組織はつねに＜組織規範＞と＜社会規範＞の間に齟齬を来さぬように慎重な舵取りをします。

　こうして、成員各人の使命感・責任感を高度の水準に把持しつつ、＜組織規範＞と＜社会規範＞の間をスムーズに調停する努力の結果として両者がともに外部から超越的に与えられた強制規範としてではなく、成員自らが主体的に選び取った自律規範として意識されるようになります。そこから「生きる意味」・「働く価値」が生まれ、社会には健全な秩序感が生まれます。そのようにして健全に秩序づけられた社会のことを私は「英知公共圏」と呼んでいます。その英知公共圏の主たるプレーヤーが「卓越者」です。

補講二
関係的自立について

　関係的自立存在（人と組織）は入れ子構造的に社会全体を関係性のネットワークで覆っている。そこでは組織も人もネットワークの網の目、その結節点であるから、どうしても「関係性」の側面にウエイトがかかって「自立性」の側面が蔑ろにされがちとなる。事実、人や組織は習慣や規則、あるいは前例や申し合わせ、といったような関係性のネットワークに絡め取られて身動きがとれなくなるのはよくあるケースである。また、知らず知らずのうちに自分自身がそういう柵（桎梏）となってしまっている、あるいはそれに荷担している、というケースもよくあることである。そうあってはならじと自立性を強く出しすぎると、今度は極端にエゴに走って、関係性を疎かにするということも起こり得る。問題は、関係性と自立性の間のバランスをどうとるかである。

Question 1
関係性と自立性とは相互に相手を含み合っていて両者を分けて考えること自体に無理がある、人は関係的自立存在として生きていくしかないということですね。

Answer

　もともと、関係性に気を配ると言っても、そこにはどうしても個性（自立性）が滲み出ます。逆に、関係性のなかで個性が磨かれる（自立性が鍛えられる）という側面もあります。そういう意味では関係性のなかには自立性がはじめから織り込まれている（自立性には関係性が前提されている、両者は互いに相手を含み合っている）とも言えます。

　問題は、そのような個性的自立性としての自己が、エゴ（極端な自己主張）とならないよう自己制御しつつ、関係性のネットワーク存在としての自己との間でどうバランスをとるかです。バランスをとると言っても容易ではありません。それには、いわば、自立性をいったん括弧に入れて（忘れて）、そのうえで諸他との関係性をどう紡ぎ出すかの努力が必要です。要するに、関係的自立存在にとっていちばん大事で、かつ難しいのは、自分自身との関係性にどう配慮するかです。ギリシア哲学以来のテーマである「自己への配慮」です。それがあってはじめて、目前の他者との、あるいは、世間一般の他者との、また、大文字の他者（法規範や、場合によっては神・仏）との関係も深く顧慮することができます。

Question 2
自立性を括弧に入れるとはどういうことでしょうか？自立性をしっかりと把持しながら効果的に関係性を生きること、巧みに関係性に生きることを通して効果的に自立性を生きるということでしょうか？

Answer

　企業を例にとって考えてみましょう。企業はもともと「自立的関係」存在です。自立性を強く根底に持ちながら、それをいったん括弧に入れて、関係性のなかでそれをどう生かすかに腐心しているのが企業です。それは、公共圏における公的サービス機関でも同じです。公共圏それ自体が本来的に「自立的関係」存在です。したがって、企業であれ公共圏であれ、そこで働くメンバーもおのずから「自立的関係」存在でなくてはなりません。そこでは、メンバー各人は多様な役割関係のなかで自己の自立性をしっかりと把持しながら、同時に関係性存在としての自己を効果的に演じています。つまり、組織人として機能的「個」の役割（自立性）を生きながら、同時に人格的「個人」（関係性）としての人生を生きています。

　この「個」と「個人」の間からさまざまな生きる知恵が生まれ、それを糧にして人は人間的に成長していくのです。その「間」を基点にして人も組織も公共圏もともに、「関係的自立存在＝自立的関係存在」として成熟していくのです。

Question 3
自立性に対する制約条件としてはどんなものが考えられますか? 自立性を〈いったん括弧に入れる〉のはどういう条件の下においてでしょうか。その条件が満たされた空間が公共圏ということですね。

Answer

ジョン・ロールズが言っています。「天賦の才に恵まれた者は誰であれ、そのような才を持たない者の状況を改善するという条件のもとでのみ、その幸運からの利益を得ることができる」と。この「他者の状況を改善するという条件」がその一例です。

「自立性」の奔放な自由選択にすべてを委ねるのではなく、何が全体の福祉の向上に資するのか、自由放任がもたらすであろう弊害から何を守るべきか、それにはコミュニティの連帯意識をどう育てるべきか、等々について開かれた公的論議の場をどう設えるか、そして、できるだけ多数の合意が得られるようにみなが実践的判断力を持ってその場にどう参加するか、それがその条件ということになります。

もちろんそこには「参加しないことの自由」という条件も含まれます。

しかしその公共圏で何を実現しようとするかが問題です。一言で言って「健康で善き生活」(「Health and Well-being」)の実現でしょう。そこでは、市民道徳の涵養、住民連帯の組成、相互責任の確認、犠牲の共有、社会的慣行の正しい評価、などが付随的に問題とされましょう。

つまり、「公共」の内実が問われるということです。

Question 4
公共圏の基礎単位は「家族・家庭」だと思います。「家族・家庭」という場において「関係的自立」はどう育てたらよいでしょうか?

Answer

中井久夫「個人とその家族」(岩崎学術出版社)がその点で参考になります。こう書かれています(<　>内は私見です)。

・「家族ホメオスタシス」、つまり家族は開放系、そこでは閉鎖と停滞を破る「トリックスター」(オジ・オバ・イトコなど、ときには治療者、あるいは子どもの教師)が必要。「ハプニング」(揺らぎ)の活用も必要。

　　<関係的自立の構成には開かれた環境条件が必要です。多少の逸脱、揺らぎなら吸収する頑健性がそれによって育まれます>。

・子どもの秘密を尊重することが、大人と子どもの関係をよくする。「大人というものは通じ合っている」という感じを子どもが持たないほど子どもの精神健康はよい。

　　<関係的自立の根底には透明な相互信頼・相互理解がなくてはなりません>。

・気象学的な流れのなかで物事を把握することが大事。「場」の考え方。相互は関係し合っているという感覚。生理的な相互作用もある。

＜関係的自立は動的生成課程であるという点が特徴です。すべてはすべてと動的に関係し合っています。含み合っています＞。
・調停者になることは精神的に非常に悪い。子どもにその役をやらせてはいけない。
　　＜自己の関係性調停で精いっぱいの人間に、他者間の関係調停など重い役割を課してはなりません＞。
・善悪を家庭に持ち込むと家庭の精神健康は悪くなる。「それは損だよ」と言う方がよい。弾力性のある対応の方が現実への目を開かれる利点がある。
　　＜善悪、正義、などの超越的価値規範は関係的自立になじみません。弾力的で柔軟な対応が基本です＞。
・子どもによっては、未来（可能性）を切り開いてやることではなく、目の前の障害を取り除いてやることの方が大事なこともある。跳ぼうとして跳べない子どももいる。
　　＜規範的価値としての「未来」を志向するのではなく、「現在」をどう乗り越えるかに焦点化するのが関係的自立の基本です＞。
・親のすることは、積極的に自立を促すことよりも、途を塞いでいる自立の邪魔をしている石を除けてやることの方がはるかに重要。スパルタ主義の父親が石になっているケースも多い。
　　＜自立は「おのずから立つ」のが基本。「自立」ということそれ自体を規範的価値として強制してはなりません。大事なのは自立の邪魔をしないことです＞。
・子の親への気遣いが、子が安心して大人になるのを妨げているこ

との方が、いわゆる過保護よりずっと多い。

　＜上からや横から課される規律化権力作用、規範化作用が自立を妨げ、健全な関係的自立の生成プロセスを阻害しますが、下から上への過剰な配慮もまた自立を妨げます＞。
・人間改造などということを軽々しく口にすべきではない。失敗すればまだしも、うっかり成功すると目も当てられない悲惨なことになりかねない。

　＜権力志向的思い上がりは絶対に避けるべきです。そのような人間に規律化訓練を受ければ権力亡者が再生産されるばかりです。さらにはハラスメントの温床となります＞。
・声の波長（トーン・音声）が大事。トーンは多くの感情的な情報をのせて伝達する。

　＜生命論パラダイムのキーワードの一つに共鳴・共振性（シナジェティクス）があります。場を自律的に秩序づけるにはリズム共振が必要です。家庭という関係性の場には波長の揃ったトーンがあります＞。

「家庭」は「公共」の始まりです。善き家庭人として育った子どもが善き公共人となります。卓越者もそのなかから育ちます。何はともあれ、善き公共人のためには善き家庭人を育てなければなりません。

おわりに

『女性のための＜リーダーシップ＞』と題した一連の講義・セミナーもこれをもって終了となりました。

先に上梓しました「講義」編をお読みになった方から、「本書はこれからの多様性社会におけるリーダーシップのあり方一般をテーマとしたものであり、したがって、「働く女性のための」という限定づけは必要なかったのではないか」というご意見が寄せられました。

確かに仰る通りなのですが、敢えて「働く女性」を対象にしたのにはそれなりの理由があってのことです。

要素還元主義に立脚する「機械論パラダイム」は、もちろんいまでも多くの局面で十分に機能しておりますし、また現にそれなりに成果も挙げておりますが、グローバル経済の下、多様性・複雑性が特徴となっている現代社会においては、その限界も随所で明らかになってきております。そこで、それに代わる新たなパラダイムとしていま求められているのが、本講義・セミナーで言う「生命論パラダイム」です。

機械論パラダイムでは、「家父長制的権力思想」、つまり「男性性原理」に依拠する統帥型リーダーシップ論が中心になりますが、生命論パラダイムでは、「相互生成的プロセス思想」、つまり「女性性原理」にいっそう親和的な、参謀型なしは統摂型リーダーシップ論におのずから重点移行することとなります。

問題はそのパラダイムシフトによって現代文明社会に何をもたらそうとするのかです。少し大げさに聞こえるかもしれませんが、それは一言で言って「資本主義社会に文明史的転換をもたらす」（≪付論≫「資本主義の文明史的転換」参照）ことです。要は、市場・資源・環境などの制約条件を超えて資本はつねに超過利潤を求めて自己増殖を遂げていくものだという「駆動原理」に歯止めをかけるような、新たな「制御原理」がビルトインされた「新・資本主義」をどう提示するかです。それには「生命論パラダイム」が強力な武器となりましょう。そして多分、その主たる担い手となるのは、これまでの権力志向的な「資本主義」体制下で周縁に位置づけられてきた女性たちでありましょう。

　そういう意味で、"女性リーダーよ出でよ"が本講義・セミナーで訴えたかったことのすべてです。「働く女性のための」という冠を被せたのもそのためです。現に「卓越者女性リーダー」でいらっしゃる、あるいはその候補者であられるみなさんの、なおいっそうのご健闘をお祈りいたします。

≪付論≫　　資本主義の文明史的転換

　サブプライムローンの破綻に端を発したリーマンショック後の不況の根因はどこにあったのでしょう。簡単に言ってしまえば、余剰資金は偏在的にだぶついているのにそれを向けるべき先が見つからない、ために目先の利を得るべくそれが投機的金融商品に向かった、というところが衆目の一致するところではないでしょうか。では二度と同じ間違いをしないためにどうすればよいでしょう。道に迷ったときは原点に帰るにしくはありません。

　資本主義はいくつかの幻想（幻想が言い過ぎなら前提と言いかえてもよい）のうえに成り立っています。

　一つは、地球のキャパシティは無限だという幻想。この幻想は環境汚染問題、資源エネルギー問題、人口爆発、水資源枯渇、食糧危機、等々を持ち出すまでもなくすでに破れています。したがって、これから余剰資金を振り向けるべき先としてまず挙げられるべきは、地球環境を修復するような、少なくともこれ以上地球に負荷をかけないための環境投資でなくてはなりません。たとえば環境負荷のない自然エネルギー開発、省エネ・省資源・資源リサイクル技術開発、環境修復技術開発、およびそれらの商品化政策などがそれです。

　二つには、「神の見えざる手」に導かれて予定調和が実現するという幻想。これも、産業資本主義の時代においてもすでにそうでしたが、今日のように金(かね)がバブル的に自己増殖する金融資本主義の時代ではなおさら、予定調和的なバランス回復は破局的な調整局面ま

で行き着くことなしには実現しようがありません。日進月歩の技術革新も相まって、むしろ予定調和の破綻状態こそが世の常態となっているのが現代です。これには自己増殖的バブルの因となる投機的取引の規制、公正な情報開示、あるいは地球的規模での富の平準化機構の創出など、「神の見えざる手」を「人為の見える手」に取り戻す英知が人類に求められます。

　三つには、付加価値生産至上主義の幻想。これまでは、ものを生産すればそれはすべて付加価値の産出としてプラス・カウントされてきましたが、それが可能だったのは生産物の最終処理コストを製造原価に算入せず、そのマイナスの負荷価値部分を将来世代につけ回ししてきたからにすぎません。原子力発電がその典型例です。これには先に述べた省エネ・省資源などの技術開発・商品開発と並んで、リサイクルコストを現役世代が適正に負担する生産体制・社会システムの構築や、それを織り込んだ価格決定方式が創案される必要があります。

　このほかにもいくつかの幻想を挙げることはできましょうが、資本主義を支えてきたそれらがすでに破綻ないしは大きく揺らいでいるいま、資本主義には文明史的転換をもたらすような新たな原理が求められていると言ってよいと思います。それには経済学も原点に帰ってその本来の人間の学としての「政治経済学」「道徳経済学」へと回帰する必要がありましょう。つまり、公正な第三者の立場からつねに自分を見つめ直すことのできる公徳心の復活、その公徳心によって公共的意思決定に参画できる経済主体の鍛え直し、その経済主体によって担われる真のガバナンス（民主主義的政治体制）の確立、そのうえでの地球的・歴史的視点に立ったサスティナブルエ

コノミー、ポリティカルエコノミーの創成です。たとえそれが未完のプロジェクトであったとしても、われわれはそれに挑戦し続けていくしかありません。

　このことはわれわれ一人ひとりの生き方にも深く関わります。わが国はこれまで、蓄積した余剰をつど新たな文化の創成に振り向けてきました。大雑把に云って、古代は別にして、平安時代は貴族（王朝）文化、鎌倉時代には宗教文化、室町・安土桃山時代は芸能文化、江戸時代には庶民文化、そして明治・大正・昭和にかけては科学技術によって開花した生活文化でした。ならば、平成のいま、新たに産出した余資を振り向けるべき先はどこでしょうか、それは衆目の一致するところ、教育・医療介護・芸術・宗教などに関わる精神文化ではないでしょうか。地球にやさしい、人類に安らぎを与えるような精神文化、わが国がその面で主導的役割を果たせるなら、われわれにとってこの21世紀もまた生きるに値する世紀となることでありましょう。

【著者プロフィール】

花村　邦昭（はなむら　くにあき）

1933年、福岡県生まれ。学校法人大妻学院理事長。
東京大学経済学部卒業。（株）住友銀行（現三井住友銀行）専務取締役を経て、
1991年、（株）日本総合研究所社長に就任。会長を経て現在同社特別顧問。
2007年、学校法人大妻学院常任理事に就任。2008年より現職。
著書に『働く女性のための〈リーダーシップ〉講義』（三和書籍2013年）、『知の経営革命』（東洋経済新報社2000年、日本ナレッジマネジメント学会賞受賞）。編書に『生命論パラダイムの時代』（ダイヤモンド社1997年、レグルス文庫1998年）。
他に、電子出版として、
『大妻コタカ　母の原像』
(http://www.ihcs.otsuma.ac.jp/ebook/book.php?id=49)
『大妻良馬の人と思想―忘私奉公の生涯』
(http://www.ihcs.otsuma.ac.jp/ebook/book.php?id=1)
がある。

女性管理職のための〈リーダーシップ〉セミナー Q&A

2014年　9月　20日　　第1版第1刷発行

著　者　　花村　邦昭
© 2014　Kuniaki Hanamura
発行者　　高橋　考
発行所　　三和書籍

〒112-0013　東京都文京区音羽2-2-2
TEL 03-5395-4630　FAX 03-5395-4632
http://www.sanwa-co.com/
info@sanwa-co.com
印刷所　　日本ハイコム株式会社

乱丁、落丁本はお取り替えいたします。
価格はカバーに表示してあります。

ISBN978-4-86251-168-3　C0030

本書の電子版（PDF形式）は、Book Pub（ブックパブ）の下記URLにてお買い求めいただけます。
http://bookpub.jp/books/bp/398

三和書籍の好評図書

Sanwa co.,Ltd.

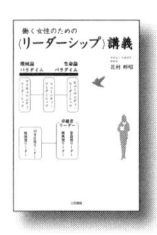

働く女性のための〈リーダーシップ〉講義

花村邦昭著　四六判　272頁　上製　定価2,300円+税

「男女協働」ってなんだろう？　生命論パラダイムで読み解くこれからのリーダー像とマネジメントの在り方。
リーダーシップには2つのタイプがあります。権力行使的な色彩の強い牽引型リーダーシップと、企画・調整的な色彩の強い参謀型リーダーシップです。前者は男性性原理に、後者は「生命論パラダイム」にウェイトを置く女性性原理に立脚する度合いが大きいと言え、いまや世のリーダーシップ論は大きく後者に傾いてきています。リーダーになることはそんなに難しいことでもなければ、憚る事柄でもありません。考えようによっては、「生命論パラダイム」に対してより親和的な女性の方が、これからの複雑系社会にあってはリーダーとして優位な立場にあるとも言えるのです。

地図と年表で見る日本の領土問題

浦野起央著　B5判　112頁　並製　定価1,400円+税

緊迫のアジア情勢がこれ一冊でまるわかり！　尖閣諸島問題、竹島問題、北方領土問題を中心に、日本の領土・領海・領空に関する気になるポイントをビジュアルにわかりやすく整理しました。「そもそも、どんな条件がそろえば領土か?」、「相手国はどういう根拠で領土主張しているのか?」、「世界の国は、日本の領土紛争をどう見ているか?」、「日本の国境防衛はどうなっている?」など、要所を的確に解説。また、日本の防衛体制や特異な国境認識、そして、琉球諸島、沖縄トラフまでも狙う中国の動向といったことまで網羅しました。

年収300万円でもプチ資産家になれる！

ダンディ水野のゆる～くわかる投資・資産形成のキホン
水野和夫著　A5判　158頁　並製　定価1,380円+税

学校では教えてくれないお金の殖やし方の常識と、賃貸マンション投資実践シミュレーション。ファイナンシャルプランナーのダンディ水野先生と2人の生徒の会話を読み進めるうちにマネー力がついていきます！

日の丸ベンチャー

「和」のこころで世界を幸せにする会社
早川和宏著　四六判　290頁　並製　定価1,600円+税

窮地にも負けない! 持続的な価値を創造するサムライたち。
本書で紹介するベンチャー12社は、時流に乗って成功することのみを目指しているようなベンチャーとは一味も二味も違っています。「日本のため、世界のため」、社会のために誰かがやらなければならないことをやるという理念のもとで、持続的な価値を追求している企業です。その会社と経営者の物語は、人として企業人として、一人の日本人として生きる上での多くのヒントや知恵、夢や勇気、そして共感と感動に満ちています。